O INÍCIO DA ERA DOURADA
NA CIÊNCIA E NA RELIGIÃO

DESMISTIFICANDO OS APARENTES PARADOXOS ENTRE RELIGIÃO E CIÊNCIA PARA EXPLICAR DEUS, VIDA E MATÉRIA

Editora Appris Ltda.
1.ª Edição - Copyright© 2021 dos autores
Direitos de Edição Reservados à Editora Appris Ltda.

Nenhuma parte desta obra poderá ser utilizada indevidamente, sem estar de acordo com a Lei nº 9.610/98. Se incorreções forem encontradas, serão de exclusiva responsabilidade de seus organizadores. Foi realizado o Depósito Legal na Fundação Biblioteca Nacional, de acordo com as Leis nos 10.994, de 14/12/2004, e 12.192, de 14/01/2010.

Catalogação na Fonte
Elaborado por: Josefina A. S. Guedes
Bibliotecária CRB 9/870

D229i 2021	Dasanudasah, Satyaraja O início da era dourada na ciência e na religião : desmistificando os aparentes paradoxos entre religião e ciência para explicar Deus, vida e matéria / Satyaraja Dasanudasah. - 1. ed. - Curitiba : Appris, 2021. 239 p. ; 23 cm. ISBN 978-65-250-1787-7 1. Teologia. 2. Matéria. 3. Religião e ciência. I. Título. CDD – 215

Livro de acordo com a normalização técnica da ABNT

Appris
editora

Editora e Livraria Appris Ltda.
Av. Manoel Ribas, 2265 – Mercês
Curitiba/PR – CEP: 80810-002
Tel. (41) 3156 - 4731
www.editoraappris.com.br

Printed in Brazil
Impresso no Brasil

Satyaraja Dasanudasah

O INÍCIO DA ERA DOURADA NA CIÊNCIA E NA RELIGIÃO
DESMISTIFICANDO OS APARENTES PARADOXOS ENTRE RELIGIÃO E CIÊNCIA PARA EXPLICAR DEUS, VIDA E MATÉRIA

FICHA TÉCNICA

EDITORIAL	Augusto V. de A. Coelho Marli Caetano Sara C. de Andrade Coelho
COMITÊ EDITORIAL	Andréa Barbosa Gouveia (UFPR) Jacques de Lima Ferreira (UP) Marilda Aparecida Behrens (PUCPR) Ana El Achkar (UNIVERSO/RJ) Conrado Moreira Mendes (PUC-MG) Eliete Correia dos Santos (UEPB) Fabiano Santos (UERJ/IESP) Francinete Fernandes de Sousa (UEPB) Francisco Carlos Duarte (PUCPR) Francisco de Assis (Fiam-Faam, SP, Brasil) Juliana Reichert Assunção Tonelli (UEL) Maria Aparecida Barbosa (USP) Maria Helena Zamora (PUC-Rio) Maria Margarida de Andrade (Umack) Roque Ismael da Costa Güllich (UFFS) Toni Reis (UFPR) Valdomiro de Oliveira (UFPR) Valério Brusamolin (IFPR)
ASSESSORIA EDITORIAL	João Simino
REVISÃO	Andrea Bassoto Gatto
PRODUÇÃO EDITORIAL	Rebeca Nicodemo
DIAGRAMAÇÃO	Juliana Adami Santos
CAPA	Sheila Alves
COMUNICAÇÃO	Carlos Eduardo Pereira Débora Nazário Karla Pipolo Olegário
LIVRARIAS E EVENTOS	Estevão Misael
GERÊNCIA DE FINANÇAS	Selma Maria Fernandes do Valle

Dedico esta obra ao meu pai, Visvavandya Prabhu, à minha mãe, Govinda Nandini Devi Dasi, e aos meus mestres espirituais, Suas Divinas Graças, Srila Bhaktivedanta Swami Prabhupada e Srila Bhakti Rakshak Sridhara Maharaj, de quem recebi o conhecimento necessário para chegar às conclusões aqui humildemente apresentadas.

AGRADECIMENTOS

Agradeço a minha filha, Rafaela Radha, que me ajudou com algumas ilustrações para este livro; e a minha esposa Aline Nunes, que me ajudou na publicação deste livro. Muito agradecido a vocês, de todo meu coração!

Jiva Goswami diz: "Se tenho algum dinheiro e outra pessoa está sofrendo por não ter dinheiro, se eu mantenho o dinheiro em minhas mãos enquanto ela jejua por falta de comida, então serei responsável por seu sofrimento.".

Da mesma forma, se tenho algum conhecimento, se posso ajudar meu vizinho, mas não o faço, serei responsável. Por não o ajudar, cometo uma ofensa contra a sociedade.

(Srila Sridhara Goswami Maharaj)

APRESENTAÇÃO

A civilização moderna ocidental se apresenta como uma releitura da antiga civilização ocidental greco-romana. Nossa ciência se diz originada na antiga filosofia clássica grega e nossa organização política se espelha na antiga república romana. A república romana deixou de existir, pois não pôde lidar com os novos tempos e sucumbiu aos povos bárbaros, dando origem aos atuais estados europeus. Já a filosofia clássica grega não separava ciência e religião. Nossa civilização moderna nada tem a ver com essas culturas clássicas. Esses arquétipos são utilizados apenas como instrumentos de legitimação para os modelos adotados atualmente, mas não há uma correlação direta, nunca houve.

Da mesma forma, após a dominação das Américas, as nações que surgiram se utilizam de arquétipos dos nativos que aqui viviam antes, por meio de uma releitura romântica, para legitimar o modelo atual, em que, de fato, a cultura nativa foi praticamente excluída. Isso ocorre em toda parte do mundo.

O uso de releituras de narrativas é muito utilizado para legitimação de grupos que detêm o poder. A elite romana se apropriou do cristianismo e fundou a Igreja Católica no Vaticano. A elite europeia se apropriou da república romana e da filosofia clássica grega e fundou os estados modernos europeus e a ciência moderna. Brasil e EUA se apropriaram da cultura nativa local para legitimarem suas nações. A elite ocidental se apropriou do cristianismo e do judaísmo para criar a "civilização judaico-cristã ocidental".

Da mesma forma, líderes políticos e religiosos fundamentalistas se utilizam dos textos sagrados para criar sectarismos e disputas entre as diferentes religiões. Isso foi condenado por Jesus Cristo – era o que os fariseus faziam na época – e, hoje, vemos pessoas que se dizem cristãs agindo exatamente como os fariseus da época de Jesus.

Se Jesus aparecesse hoje no mundo, como agiria, como seria recebido pelos seus pares cristãos? Provavelmente, a história se repetiria. Jesus condenaria os atuais fariseus e seria condenado por eles.

Neste livro eu busquei desmistificar todos esses dogmas utilizados de forma leviana para colocar um contra outro, demonstrando, de maneira clara e inequívoca, que em sua origem toda religião ensina a mesma coisa, o amor puro divino. Utilizando-me de leis da lógica e da física e de aforismos das diferentes religiões, eu explico Deus, vida, matéria e universo, vida material e espiritual, faço um breve relato da história da humanidade e seus ciclos e analiso essa Nova Era Dourada, cuja transição estamos atravessando. O que é exatamente essa Nova Era Dourada e quando ela se inicia?

Devemos estar preparados para as transformações que estão acontecendo para a separação do joio do trigo. É chegada a hora de despertar, de parar de olhar para o outro como inimigo e enxergá-lo como de fato é, como irmão, primo. Seja a mudança que espera no mundo!

SUMÁRIO

INTRODUÇÃO 15

PARTE I
DEUS E A MANIFESTAÇÃO 21
  1.1 A CAUSA PRIMORDIAL 23
  1.2 EXPANSÃO DA MANIFESTAÇÃO 25
  1.3 JESUS CRISTO / SRI KRISHNA 31
  1.4 O PECADO ORIGINAL 34

PARTE II
O UNIVERSO E A MATÉRIA 39
  2.1 O MUNDO MATERIAL 41
  2.2 O CORPO SUTIL MATERIAL 45
  2.3 OS ELEMENTOS MATERIAIS GROSSEIROS 48
  2.4 O UNIVERSO MATERIAL 53
  2.5 A PERSONALIDADE DAS COISAS 58
  2.6 O CAMPO DA SEMEADURA 63
  2.7 AS DIMENSÕES 66
  2.8 OS SISTEMAS PLANETÁRIOS 68

PARTE III
A SOCIEDADE HUMANA É UMA SÓ 73
  3.1 A FALÁCIA DA CIVILIZAÇÃO JUDAICO-CRISTÃ OCIDENTAL 75
  3.2 ORIGENS CLÁSSICAS 78
  3.3 ORIGENS DA ATUAL ELITE MUNDIAL 81
  3.4 QUEDA DO IMPÉRIO ROMANO E ADVENTO DO SACRO IMPÉRIO
  ROMANO-GERMÂNICO 87
  3.5 AS CRUZADAS 93
  3.6 OS TEMPLÁRIOS E O RENASCIMENTO 96
  3.7 JUDAÍSMO 101
  3.8 MAIS CONVERGÊNCIAS DO QUE CONTRADIÇÕES 105
  3.9 IDOLATRIA 109

PARTE IV

OS CICLOS DA HUMANIDADE 111

4.1 OS TRÊS MODOS DA NATUREZA MATERIAL 113

4.2 OS CICLOS DO TEMPO 116

4.3 AS ERAS PRECESSIONAIS E AS YUGAS 120

4.4 A CONTAGEM DAS ERAS E OS CICLOS DE JÚPITER X SATURNO 124

4.5 O INÍCIO DE KALI-YUGA 130

4.6 O ASPECTO MAIS ÍNTIMO DO AMOR DIVINO 131

4.7 OS PANDAVAS 140

4.8 ORIGEM DA HISTÓRIA 143

4.9 RESIDÊNCIA DE KALI 145

PARTE V

ERA DOURADA 151

5.1 CRISTIANISMO 153

5.2 O CAMINHO DA DEVOÇÃO ESPIRITUAL 157

5.3 A FILOSOFIA COMO BASE DA HUMANIDADE 159

5.4 CAZARES 164

5.5 GÊNESIS 166

5.6 ASSURAS 172

5.7 A SUPREMA PERSONALIDADE DE DEUS DESCENDE PARA BENEFÍCIO
DOS DEVOTOS 174

5.8 BALI 184

5.9 BAAL 190

5.10 SANTÍSSIMA TRINDADE 192

5.11 ERAM OS DEUSES ASTRONAUTAS? 198

5.12 O SENHOR SEMPRE ATENDE NOSSOS DESEJOS 201

5.13 O SENHOR DOURADO INICIA A ERA DOURADA 203

5.14 O MOVIMENTO DE SANKIRTANA DO SENHOR GAURANGA 210

5.15 O MOVIMENTO HARE KRISHNA SE ESPALHA POR TODO O MUNDO . 213

REFERÊNCIAS 217

GLOSSÁRIO 227

INTRODUÇÃO

A Idade Média foi um período obscuro da nossa história, também conhecido como Idade das Trevas. Nessa época, o conhecimento era controlado pela Igreja Católica. Quem questionasse a doutrina e os dogmas católicos era considerado herege, bruxa ou adorador do demônio e, assim, era perseguido, julgado, condenado e morto. Era proibido pensar por si próprio.

O tempo passou, a Igreja Católica mudou, abriu-se para o mundo. Novas religiões surgiram, como os muçulmanos e os evangélicos, e, neste início do 3º milênio, em algumas partes do mundo, essas religiões modernas estão se tornando uma nova Igreja Católica. Há uma tentativa por parte de alguns grupos dentro dessas denominações religiosas de controlar as massas, mais uma vez, pela religião, controlando o conhecimento e negando tudo que vá de encontro às suas doutrinas e aos seus dogmas.

Mas a religião não é a única a ensaiar uma nova Idade das Trevas da humanidade. A própria ciência tem se comportado dessa forma. A Academia está fechada em si mesma. Os mestres e doutores acadêmicos não aceitam o conhecimento que não é produzido por eles mesmos. A ciência, em muitos aspectos, é a nova Igreja. Apesar de negar a sabedoria popular e o conhecimento milenar, toda vez que a ciência coloca esse conhecimento à prova, é demonstrado que ele tem algum fundamento. Mesmo assim, a ciência não desce do seu pedestal de portadora da Verdade. Se uma pessoa não se submete aos seus ritos acadêmicos e ao seu formato, essa pessoa não pode ser levada em consideração pelo universo acadêmico e o conhecimento trazido por ela não pode ser aceito.

A ciência é a mais nova religião. É preciso muita fé para crer cegamente na ciência, pois a cada nova descoberta os dogmas anteriores são revistos ou até mesmo excluídos da fé agnóstica científica, demonstrando como a ciência nunca teve todas as respostas. Não tinha no passado e continua não tendo no presente.

Por conta desse comportamento de algumas religiões, algumas pessoas começaram a se rebelar contra a religião, a negar a Igreja e até negar a existência de Deus. Mas é possível perceber que, entre os agnósticos, a maioria deles é contra a conduta fundamentalista das religiões em geral, como "donas" da verdade e manipuladoras das massas. A negação de Deus vem por tabela. Ora, se a religião é um instrumento de dominação, então, Deus, o Paraíso e o Inferno são apenas instrumentos utilizados para manter as pessoas sob as rédeas do status quo. Essa é a principal crítica do marxismo às religiões. Algumas pessoas se espantam quando encontram outras que se dizem comunistas ou socialistas, mas também religiosas, como se houvesse uma contradição nessa postura, mas não há.

O fato é que a pessoa que tem pensamento analítico/crítico pode também ser religiosa ao entender a religião como um processo de evolução espiritual e reflexão intelectual sobre a vida. Religião e ciência têm este papel, o de trazer respostas aos questionamentos inerentes ao ser humano.

Porém, a ciência, hoje em dia, tornou-se também um instrumento de dominação. A própria ciência foi utilizada pelo nazismo. Até poucas décadas atrás, a ciência, baseada na Teoria da Evolução, ensinava que existiam raças superiores e inferiores, o que embasou a escravidão, a perseguição aos índios, negros e orientais e toda perseguição nazista e o holocausto. Milhões morreram devido a teorias embasadas pela ciência. Ao negar as diferentes religiões, a sabedoria popular, o conhecimento milenar e o pensamento livre, a ciência tem se transformado na nova Igreja, um instrumento de negação e dominação. É por isso que nos tempos atuais existem muitas pessoas se afastando e negando o pensamento científico. Até a teoria da Terra plana voltou a ser aceita por algumas pessoas, por mais absurdo que isso possa parecer. O terraplanismo é tão absurdo para um cientista como a negação de Deus para um devoto.

Mas é a própria ciência que tem afastado as pessoas, assim como é o fanatismo religioso que afasta algumas pessoas da religião. Ao negar-lhes suas culturas, suas crenças, suas verdades, a ciência se transformou em inimiga de parcelas da sociedade, da mesma forma que a Igreja Católica foi durante a Idade Média, e algumas denominações cristãs e muçulmanas, bem como alguns regimes totalitários são também no presente. Parece que estamos na iminência de uma nova Era das Trevas. Somente uma revolução subjetiva da consciência pode libertar as pessoas da escuridão e iluminar o caminho para uma sociedade mais justa, feliz e pacífica.

Se ciência e religião se comportam de maneira tão semelhante, seriam, então, tão diferentes? Sendo assim, seria possível conciliar a visão científica da natureza do Universo com a visão religiosa? E as diferentes religiões entre si, têm algo em comum? Se todos buscam a Verdade, como pode haver tantas contradições? Será que existem contradições verdadeiras entre as religiões e a ciência, ou as contradições só existem entre os homens? Será que devemos levar ao pé da letra os textos antigos sagrados, ou será que devemos atribuir certa licença poética a esses textos?

Esta obra busca responder essas perguntas e trazer uma explicação lógico-científica para as perguntas inerentes ao ser humano, um ser filosófico, que busca na religião, na ciência e/ou no materialismo (construção de riqueza e prosperidades materiais) um sentido para a vida.

Ciência e religião surgiram para suprir essa necessidade do ser humano, a busca pela Verdade. Se surgiram pelo mesmo propósito, deve haver muito mais convergências entre elas do que divergências. Para enxergarmos essas convergências, basta penetrar a fina camada cultural que nos divide. Religião e ciência são frutos de determinada cultura, em determinado local e determinada época. Ao abstrairmos as diferenças culturais, é fácil perceber que tanto a ciência quanto a religião estão falando a mesma coisa. As religiões mudaram conforme a época e o lugar. A ciência também. Ciência e religião são vivas, assim como a cultura é viva.

Algum conhecimento básico das ciências, como física, química e biologia, bem como as ciências humanas oriundas da filosofia, tais como história e ciências sociais, é necessário para melhor compreensão do que é aqui proposto. Ainda, recomendo a leitura de todas as escrituras sagradas, de todas as religiões, para a melhor compreensão deste texto, em especial o *Velho* e o *Novo Testamentos*, o *Alcorão*, o *Livro dos Espíritos* e, principalmente, o *Bhagavad-Gita – Como ele é*, *Srimad-Bhagavatam* (*Bhagavata Purana*) e *Sri Chaitanya Charitamrta*, estes três últimos traduzidos e comentados por Sua Divina Graça Srila Bhaktivedanta Swami Prabhupada, a quem dedico este livro como fiel execução do meu serviço devocional ao meu mestre espiritual, de quem recebi o conhecimento revelador.

Existem muitas traduções livres dos textos védicos sagrados (*shastras*), porém, somente um mestre espiritual autêntico pode traduzi-los de forma adequada, pois somente alguém que já tenha adquirido a visão e o conhecimento espiritual pode realmente entender o que está sendo dito. Qualquer leigo pode ler uma receita médica, mas se quisermos compreender melhor o que está escrito, precisamos ouvir um especialista na área, um médico. Da mesma forma, não podemos esperar uma boa compreensão de textos sagrados milenares por estudiosos curiosos em sânscrito. Somente alguém que fez da sua vida o estudo e a aplicação prática desses ensinamentos pode nos revelar esse conhecimento como ele é.

Os poemas em sânscrito podem ser interpretados de diferentes formas, e quando pessoas materialistas tentam traduzir esses textos o resultado pode não ser o adequado, induzindo os leitores ao erro. Nos livros traduzidos por Srila Prabhupada, o texto em sânscrito original está mantido, bem como a transliteração para caracteres romanos, possibilitando ao estudante a leitura do texto original e a confrontação com a tradução apresentada. Srila Prabhupada também coloca comentários, explicando diversos conceitos para melhor entendimento do estudante, bem como apresentando, quando necessário, o significado detalhado de expressões e palavras e, até mesmo, traduções alternativas. Ninguém precisa ser um grande acadêmico ou estudioso para compreender o exposto neste livro, basta um conhecimento básico das matérias. Até porque, eu, o autor, não sou nenhum acadêmico, nenhum erudito, sou apenas um curioso que por toda vida teve fascínio e interesse pelo tema e sempre procurou uma forma de conciliar essas diferentes visões que, para mim, sempre foram unas. Este livro é o resultado de mais de vinte anos de estudo, compreensão e maturação desse conhecimento.

Esta obra não busca trazer respostas prontas. O objetivo aqui é provocar uma reflexão no leitor, fazê-lo sair de sua zona de conforto e questionar mais. Olhar para dentro de si e para o outro com uma visão mais conciliadora. Eu compartilho com vocês alguns entendimentos aos quais cheguei ao longo da vida, após muitos estudos e muitas realizações (insights). A Verdade é objetiva, mas, a maneira como cada um a interpreta é subjetiva.

Diferentemente do Ocidente, no Oriente, ciência e religião não estão separadas, e tanto uma quanto a outra precisam ter base filosófica. O defensor de uma determinada escola filosófica não pode professar sua crença com base em uma Verdade revelada incontestável. Qualquer que seja a posição defendida por alguém, seja cientista ou religioso, ele precisa sustentá-la com argumentação lógica. Diferente do Ocidente, onde a fé religiosa é atestada com base numa verdade profetizada, sem necessidade de uma explicação filosófica e, assim, por conta dessas contradições, a ciência teve que se separar da religião.

Vivemos em uma época em que as disputas entre as religiões entre si e contra a própria ciência têm gerado conflitos e, muitas vezes, parecemos estar retrocedendo à Idade Média. Será que não podemos aprender com o Oriente e conciliar ciência e religião dentro de uma base filosófica pautada pela lógica racional?

Ciência e religião surgiram da filosofia, que nada mais é do que a busca pela Verdade. A filosofia, então, foi dividida entre ciência e religião, uma negando a outra. Depois, diferentes religiões surgiram e diferentes ramos da ciência e, agora, todos se negam mutuamente. A negação não leva à Verdade, mas à ignorância, à cegueira, às trevas. Somente com uma conciliação dos diferentes ramos da ciência entre si, das diferentes religiões entre si e, finalmente, da ciência com a religião, poderemos alcançar a Verdade.

Interdisciplinaridade é a palavra de ordem. Levando em consideração o outro, poderemos, finalmente, completar nosso quebra-cabeça interno e alcançar a Verdade. O caminho do conhecimento e da evolução é individual, ninguém pode caminhar por nós, porém, é nos espelhando em outros que poderemos nos enxergar melhor e, assim, evoluir no caminho do conhecimento.

Om namo bhagavate vasudevaya

PARTE I
DEUS E A MANIFESTAÇÃO

1.1 A CAUSA PRIMORDIAL

Tudo no mundo possui uma causa. Nada surge do nada. Uma criança precisa de um pai e uma mãe para nascer. Uma árvore precisa de uma semente, que, por sua vez, precisou de uma árvore. Tudo tem uma causa e, portanto, se pudermos retroceder no tempo, chegaríamos a uma causa comum a tudo que existe. Uma Causa Primordial. Tanto a ciência quanto a religião concordam nesse ponto. As religiões chamam essa Causa Primordial de Deus.

A ciência não tem uma explicação ou nome para a Causa Primordial de tudo, ela se limita a explicar o movimento de expansão do Universo a partir de uma explosão de matéria, a famosa teoria do Big Bang (MOURÃO, 2005). Porém, a ciência não tem como explicar como essa matéria e energia iniciais surgiram. A ciência também explica que os elementos originais se combinaram e foram formando molécula e estruturas complexas, mas também não consegue explicar a vida, ou seja, um corpo morto reúne todos os elementos biológicos que um corpo vivo, mas o que falta para que tenha vida?

Por hora, vamos nos ater ao fato de que ambas, ciência e religião, concordam que as coisas não podem surgir a partir do nada, conforme a primeira lei da termodinâmica – nada se cria, tudo se transforma (SEARS; SALINGER, 1979). Portanto, tudo se originou de uma Causa Primordial, causa esta que é sem causa, pois não poderia ter surgido do nada. Essa Causa Primordial eterna é o que as religiões chamam de Deus.

Assim como a célula zigoto diploide possui todas as informações necessárias para a evolução do ser e multiplica-se em 2, 4, 8, 16, 32, 64 e, posteriormente, essas células-tronco irão se especializar nos diferentes tecidos do corpo, como, medula, ossos, cérebro, coração, diferentes órgãos, sangue, pele etc., formando todo um organismo complexo e especializado (GILBERT, 2003); assim como uma única pequena semente pode ficar inerte por anos, mas quando ativada dá origem a uma grande árvore, que pode viver por séculos, tudo que existe está contido de forma latente na Causa Primordial, da mesma forma que a planta estava contida dentro da semente e o ser humano estava contido dentro do zigoto diploide. Todas as potencialidades de tudo que é manifesto, dentro e além desse universo, estavam presentes de forma latente na Causa Primordial.

Existe uma palavra em sânscrito que define a Causa Primordial, é *saccidananda*, junção das palavras *sat*, que significa vida eterna; *cit*, palavra que denomina onisciência; e *ananda*, que quer dizer felicidade plena. Portanto, Deus possui existência eterna, pois, como vimos, não pode ter surgido do nada e tudo que emana Dele, por consequência, possui vida eterna também, a partir Dele, ou seja, possui início, mas não fim.

Deus possui conhecimento pleno e tudo que emana Dele, portanto, possui consciência, ou seja, capacidade cognitiva. Deus é repleto de bem-aventurança, que quer dizer cheio de graça, referindo-se à Sua capacidade de satisfação plena. Ele é autossatisfeito e é o reservatório de todo o prazer para tudo que emana Dele e, por conseguinte, tudo que é emanado estará sempre atraído por Ele, apesar de possuir também a capacidade individual de dar e receber prazer.

Figura 1 – A pequenina semente e a planta da mostarda

Fonte: fotografia de Tetiana Kovalenko, Disponível em: https://pt.dreamstime.com/fotos-de-stock-royalty-free-flores-e-semente-da-mostarda-image32786358. Acesso em: 15 jun. 2021

1.2 EXPANSÃO DA MANIFESTAÇÃO

Mas como podemos explicar, de forma lógico-científica, como a Causa Primordial se expande? Como se dá a criação da manifestação? Existe verdadeira contradição entre Criacionismo e Evolucionismo?

Existem vários exemplos na natureza que podemos utilizar para construir esse entendimento. No universo, tudo se organiza a partir de um núcleo central. O próprio universo se expande a partir de um centro comum às diferentes galáxias. As galáxias, por sua vez, também são organizadas a partir de um núcleo comum, formado por bilhões de sóis, de onde os sistemas solares se originam e ficam atrelados ao buraco negro no centro dessa galáxia, girando ao redor dele. Cada sistema solar reproduz esse padrão, com um sol no centro (às vezes, dois ou mais) e os planetas, que se originaram a partir do sol, girando ao redor. O mesmo acontece com o átomo, que possui um núcleo e partículas (elétrons), que ficam orbitando ao redor desse núcleo (TRÊS INICIADOS, 2017).

Obviamente que Deus, a Causa Primordial, é o núcleo central de toda manifestação e se expande em todas as direções, assim como os raios do sol se expandem em todas as direções. Assim como os raios do sol têm as mesmas características que o sol, só que de forma diminuta, tudo que emana da Causa Primordial possui as mesmas características que Deus. O Sol possui luz e calor, e quando abrimos a janela do nosso quarto sentimos a luz e o calor entrando, mas se nos aproximássemos do Sol morreríamos queimados devido ao seu imenso poder. Assim, as *jivas*, que são as partículas que emanam da Causa Primordial, possuem as mesmas características de Deus e ficam atreladas a Ele.

E criou Deus o homem à Sua imagem;
À imagem de Deus o criou.

(Bíblia Sagrada – Gn 1:27).

Figura 2 – M51, galáxia apelidada de "Hidromassagem"[1]

Fonte: Nasa, extraída pelo telescópio espacial Hubble, em 2005 e publicada em 2011 após tratamento digital. Disponível em: https://images.nasa.gov/details-GSFC_20171208_Archive_e001925. Acesso em: 25 maio 2021

---

[1] Destaque para como a galáxia se expande a partir de um núcleo central e como tudo gira atrelado a este núcleo.

É possível compreender como a expansão da manifestação acontece quando estudamos a série harmônica. Série harmônica é como o som se expande. A vibração sonora se expande infinitamente, em frequências harmônicas que são múltiplas entre si. Quando ouvimos determinado som não escutamos uma frequência isolada e, sim, uma série de frequências que se expandem ao infinito. Porém, nossa capacidade auditiva é limitada e, por isso, escutamos apenas determinada faixa de frequências.

Imaginemos a frequência fictícia 1 Hertz. Nosso ouvido humano não é capaz de escutar essa frequência, mas ela existe. Ao vibrar em 1 Hz, uma série de harmônicos infinitos é gerada naturalmente, decaindo em volume. Portanto, ao vibrar 1 Hz, geramos também, sucessivamente, instantaneamente, 2 Hz, 3 Hz, 4 Hz, 5 Hz, 6 Hz, 7 Hz, 8 Hz etc., e todas as frequências da séria harmônica são múltiplas da primeira (ABDOU-NOUR, 2000).

Essas vibrações, por sua vez, interagem com o meio ambiente. Diferentes materiais possuem diferentes frequências de ressonância, gerando novas frequências ao reverberarem em reação ao contato da vibração e, consequentemente, novas séries harmônicas são formadas. Isso se repete infinitamente, porém decaindo em intensidade (o que chamamos de volume do som) até ficar imperceptível. Portanto, o som que escutamos é o produto da vibração original, mais a série harmônica até o limite da nossa capacidade auditiva, mais todas as vibrações geradas pelos diferentes materiais que entraram em contato com a vibração original e que reverberaram, gerando novas vibrações e novas séries harmônicas, até chegarem ao nosso ouvido. Isso faz com que cada som tenha uma assinatura única, o timbre. Por isso que estranhamos ao escutar o som da nossa própria voz gravado em algum dispositivo, pois o som que escutamos da nossa voz é diferente do som que outra pessoa escuta, pois as interações sonoras que chegaram aos diferentes ouvidos foram diferentes, porque o som da nossa voz chega aos nossos ouvidos, primeiramente, pela via interna.

Figura 3 – Sobretom, as ondas sonoras em sequência em uma série harmônica

Fonte: Rafaela Radha, 2021

Portanto, as *jivas* podem também ser comparadas às frequências geradas por uma série harmônica. Deus é a vibração original e, instantaneamente e infinitamente, gera uma série harmônica, composta pelas *jivas*, que possuem as mesmas características que a vibração original, porém em tonalidade e intensidade diferentes. Essas *jivas* também produzem novas vibrações ao se relacionarem entre si e com outros diferentes ingredientes, gerando novas vibrações que, na verdade, não são criações e, sim, transformações da vibração original, remetendo-nos, mais uma vez, à primeira lei da termodinâmica: nada se cria, tudo se transforma. Portanto, as *jivas* são cocriadoras, pois sua capacidade criativa é limitada ao que está acessível, sendo que tudo que é manifesto expandiu-se a partir da vibração original, que é o verdadeiro Criador.

Podemos utilizar um exemplo da Geometria também. Uma reta é infinita. Deus é a reta. As semirretas são partes de uma reta, delimitadas por um ponto, ou seja, possuem um início, mas não possuem fim. As *jivas* são as semirretas. Um segmento de reta é limitado por dois pontos, ou seja, possui começo e fim. As diferentes interações e criações materiais do ser vivo condicionado na matéria são os segmentos de reta (IEZZI; MACHADO; DOLCE, 2019).

Os fractais são outro grande exemplo da expansão natural da série harmônica. Os fractais podem ser vistos em flocos de neve, em plantas, nas ondas etc. São exemplos naturais e matemáticos da expansão da manifestação.

Figura 4 – Exemplo de fractal na natureza

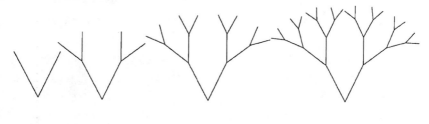

Fonte: Rafaela Radha, 2021

Agora podemos fazer uma análise mais objetiva de uma das maiores divergências entre religião x ciência, pelo menos no Ocidente, que é criacionismo x evolucionismo. Pelo exposto aqui, por meio do estudo de como a manifestação se expande e se organiza, podemos concluir que Deus "criou" tudo e tudo repousa n'Ele, pois, também, toda série harmônica repousa na vibração original, e ao cessar a vibração original, toda série harmônica também cessa. Portanto, Ele é onipresente. Entretanto, essa criação não é com um velho barbudo moldando o barro, é uma evolução natural.

Todo leitor dos textos sagrados antigos precisa levar em conta que não se pode levar ao pé da letra tudo que está escrito. Faz-se necessário entender que todo fanatismo torna a pessoa cega. Textos antigos foram escritos em línguas que não são mais faladas. Esses textos foram traduzidos diversas vezes, a partir de traduções, e a cada vez o tradutor coloca sua própria subjetividade, alterando o texto original.

É comum também o uso de analogias para descrever aquilo que não é tangível aos sentidos físicos. Como explicar Deus, a criação e o universo para pessoas comuns? O uso de analogias é necessário e, por isso, o leitor precisa atribuir certa licença poética ao ler textos sagrados antigos. O significado de muitas passagens não é literal, é figurado. Não significa que as informações dos textos sagrados estão erradas ou são mentiras. Nada disso. Significa, simplesmente, que a linguagem utilizada visava ao público da época e local e suas respectivas cultura e compreensão do mundo. A cada tradução, o tradutor coloca sua própria cultura e compreensão do mundo no texto.

Sem o mestre espiritual para explicar o significado real do texto e contextualizar o tradutor, o sentido do texto original vai se perdendo. Por isso que as traduções de Srila Prabhupada para os *shastras* são recomendadas, pois o texto original em sânscrito está mantido, bem como a transliteração para caracteres romanos, tradução palavra por palavra, verso traduzido e, ainda, comentários abordando o assunto. O leitor pode verificar a tradução, ler o texto original e obter a própria compreensão de um texto milenar.

Além do mais, Srila Prabhupada contextualiza o leitor, pois ele compreende os textos védicos em sua originalidade e também é um cidadão dos tempos modernos, da era científica, da conquista do espaço, da grande mídia e tudo mais. Prabhupada é a pessoa certa para fazer a ponte entre a cultura milenar e a nova era em que vivemos, pois é um mestre espiritual autêntico, reconhecido por milhões de pessoas no mundo todo.

Tanto a ciência quanto a religião estão falando a mesma coisa. É preciso compreender os textos sagrados, pois é muito difícil explicar conceitos tão distantes da nossa realidade cotidiana com nossas limitações linguísticas. Por isso, todos os textos sagrados, de todas as religiões, recorrem a analogias para tentar explicar o inconcebível. Deus se expande infinitamente. Nosso cérebro é limitado. Não dá para colocar o ilimitado dentro do limitado. É como tentar colocar o oceano em um copo d'água. Mas podemos tentar entender o oceano estudando o copo d'água. Não há contradição real entre religião e ciência. A contradição se dá apenas entre os homens, que disputam sempre quem é o dono da verdade, o senhor da razão. Portanto, a manifestação é tanto "criada" quanto "evoluída".

Há uma Causa Primordial por trás de toda manifestação, um Criador, porém, essa criação se dá, na verdade, por uma evolução natural. Assim como o sol "cria" os raios de sol e também podemos afirmar que estes são uma evolução natural do sol. Ficar discutindo isso é uma total perda de tempo. A discussão filosófica não pode ser reduzida a questões semânticas ou hermenêuticas.

O que está em cima é como o que está embaixo;
O que está dentro é como o que está fora;
Nada está parado, tudo move, tudo vibra.

(*Leis Herméticas – Hermes Trismegisto*).

1.3 JESUS CRISTO / SRI KRISHNA

As *jivas*, partículas emanadas da Causa Primordial, possuem as mesmas características que Deus, assim como o raio de sol possui luz e calor, como o sol. Um dos nomes em sânscrito para Deus é *Brahman*, "O Absoluto". Deus é *sat* – eterno; nós somos vivos. Deus é *cit* – onisciente, pois é a vibração original em que tudo repousa, assim como a folha está na árvore, mas a árvore não está na folha; o ser humano tem consciência do dedo, mas o dedo não tem consciência da totalidade do ser; nós possuímos consciência, mas não temos a onisciência do *Brahman*, o Todo Absoluto. Deus é *ananda* – autossatisfeito e reservatório de toda bem-aventurança, cheio de graça; nós possuímos a capacidade de dar e receber prazer. Deus é *saccidananda*.

Um dos Santos Nomes do Senhor é Krishna[2], que possui vários significados, entre eles, reservatório de todo prazer, ou cheio de graça, como os cristãos costumam dizer. Aliás, Cristo e Krishna são exatamente a mesma palavra, falada em lugar, época e cultura diferentes. A raiz é a mesma, mudando-se o sufixo nominal para se manter o mesmo significado da palavra em uma língua diferente. Em sânscrito, os nomes terminam com o sufixo "-na" – Krishna, Arjuna, brahmana etc. Em latim, terminam com "-to"– Cristo, bento, santo etc.

Outro significado para o Santo Nome Krishna é todo-atrativo, afinal, como vimos, Krishna é a Causa Primordial, portanto, o centro gravitacional de toda manifestação. Tudo está atraído a Ele e girando em torno d'Ele.

Jesus, por sua vez, é uma forma em latim da palavra aramaica Yeshua, que é traduzida como "salvar". Existem registros da passagem de Jesus pela região onde hoje é a Índia e o Nepal. Nesses registros ele é chamado de Isha, que em sânscrito significa um estado de consciência elevado, sendo também associado à palavra "senhor", no sentido de alguém que está em uma posição de superioridade em elevação no plano espiritual.

Os muçulmanos também conhecem Jesus como Isha. Provavelmente, Isha e Yeshua são exatamente a mesma palavra, com o mesmo significado, falada por culturas diferentes, pois somente alguém que está em uma posição espiritual elevada pode salvar os demais da vida condicionada material. Somente o senhor pode libertar o escravo. As religiões afro-brasileiras utilizam o termo Orixá para se referir aos deuses. "Ori" significa cabeça e "Ixá" é traduzido como Senhor(a) Guardiã(o). O termo transcende culturas, regiões geográficas e tempos históricos. Portanto, dizer Jesus Cristo é exatamente o mesmo que dizer Sri Krishna[3].

Percebemos que existem muitas semelhanças entre as diferentes religiões, com as religiões ocidentais entre si e entre estas e as religiões orientais. Abordaremos esse assunto novamente adiante. Por ora, podemos ainda observar que entre as religiões e a ciência também temos convergências. Já vimos que Krishna significa todo-atrativo e também cheio de graça. Outro significado atribuído ao nome Krishna é negro, pois é sabido que Krishna possui a cor de uma nuvem de chuva bem carregada, iluminada por um relâmpago. Ou seja, é uma cor negra, cinza-escuro-azul-profunda-

---

[2] Pronuncia-se krish-na, com a primeira sílaba sendo pronunciada com o sotaque de Portugal em "cris".

[3] Sri pronuncia-se shri, e significa senhor, sendo provavelmente a origem de palavras com "sir" em inglês e "senhor" em português.

-iluminada. Exatamente como um buraco negro, que atrai tudo a sua volta, como também é a origem de toda vida à sua volta.

Toda vida dentro da galáxia é gerada a partir do seu núcleo central, que é um buraco negro, assim como toda vida gerada em um sistema solar é originada a partir do sol, ao qual todos os planetas estão constantemente atraídos. Então, Krishna é o Sol original, de onde toda a vida emana e de onde obtemos prazer e felicidade. Krishna brilha, mas ao mesmo tempo ele é negro, tal qual um buraco negro todo-atrativo, que mantém tudo atraído, girando em sua órbita. Tudo emana d'Ele e n'Ele tudo repousa. Assim como a série harmônica repousa na vibração original, os sistemas solares repousam na grade gravitacional emanada do centro da galáxia e os planetas repousam na grade gravitacional do seu respectivo sol, perfazendo constantemente suas órbitas.

Figura 5 – Representação da galáxia OJ[4]

Fonte: Nasa, 2020. Disponível em: https://photojournal.jpl.nasa.gov/catalog/PIA23687. Acesso em: 25 maio 2021

---

[4] Repare que um buraco negro menor orbita outro maior. O choque do menor contra o disco de gás que orbita o maior causa um clarão mais brilhante do que um trilhão de estrelas. Mas a órbita do buraco negro menor é alongada e se move paralelamente ao disco de gás, fazendo com que as erupções ocorram irregularmente.

Aquele que Me conhece como o não nascido, como o que não tem começo
E como o Senhor Supremo de todos os planetas,
Neste mundo onde todos estão destinados a morrer,
Este está livre de todas as dúvidas e se libera de todos os pecados.

(Bhagavad-Gita, Cap. 10, verso 3).

Eu sou a fonte de todos os mundos espirituais e materiais.
Tudo emana de Mim.

(Bhagavad-Gita, Cap. 10, verso 8).

1.4 O PECADO ORIGINAL

Por tudo que foi aqui explanado, podemos dizer que somos feitos à imagem e à semelhança de Deus. Ele é infinito e, nós, infinitesimais. *Bhagavan* é a Suprema Personalidade de Deus. Deus tem personalidade, assim como nós também temos. Cada *jiva* é única, assim como cada frequência em uma série harmônica é única. Esse é o padrão que se repete em tudo no Universo – a personalidade.

Cada galáxia é única, cada sistema solar é único, cada planeta é único, cada pessoa é única, cada animal é único, cada planta é única. Tudo tem personalidade, pois tudo emana de *Bhagavan*, a Suprema Personalidade de Deus. Logo, Deus também possui personalidade, Ele também é uma pessoa, e quando digo pessoa não estou me referindo apenas a seres humanos. Quando nos referimos a *Brahman* estamos falando da totalidade de Deus, é um conceito mais amplo e abstrato. Quando nos referimos a *Bhagavan* estamos nos referindo à Suprema Personalidade de Deus, um conceito mais específico e pessoal.

Por sermos feitos à imagem e à semelhança de Deus, muitos de nós nos confundimos com o próprio Deus. A falsa concepção de si mesmo, o falso ego, faz com que criemos um bloqueio, criando uma zona escura dentro da manifestação espiritual.

No Mundo Espiritual, longe do Mundo Material onde vivemos, tudo é autorrefulgente, tudo é eterno, pleno de bem-aventurança e consciência. Lá não há limitação de tempo-espaço. Existem incontáveis planetas autossuficientes, que não precisam de sol, pois lá tudo brilha. Em cada planeta, uma forma diferente de *Bhagavan* reina e todas as *jivas* se relacionam com Ele da maneira como preferem e são felizes assim.

A função característica da *jiva*, como refulgência de *Brahman*, é a de aumentar ainda mais a opulência do Divino. Somos adornos do Senhor, portanto a nossa função original é de servos eternos do Senhor Supremo. Um raio de sol não é independente do Sol; de maneira nenhuma, sua função é ser o brilho dele, logo, é uma função assessora da personalidade original, o Sol. Da mesma forma, a *jiva* é assessora da Suprema Personalidade de Deus, essa é a característica intrínseca do ser vivo, ou seja, servir a Deus.

Deus é o *purusha* original e, portanto, o Desfrutador Supremo, e nós, *jivas*, somos os desfrutados. Isso não é nenhum demérito, pois Ele é o reservatório de todo prazer, portanto, ao servi-lo com *prema*, amor puro transcendental, nós obtemos em troca tudo, toda a felicidade. Os cristãos chamam Deus de Pai. Provavelmente, essa referência vem do fato d'Ele ser o *purusha* original. *purusha* significa "macho", "progenitor", "o que fecunda". Tudo emana d'Ele, logo, Ele é o *purusha* original, assim, analogamente, Deus é chamado de Pai.

Ele é o Alfa e o Ômega, tudo emana d'Ele e, ao mesmo tempo, repousa n'Ele, e está constantemente atraído por Ele. Então, Ele é a causa e o objetivo de todos. Servi-Lo é o *dharma* da *jiva*. *Dharma* é traduzido como religião, mas seu significado é "função característica". Acontece que a função característica do ser humano é entender sua posição original como servo divino do Senhor Supremo e este é o objetivo de qualquer religião: religar-nos a Deus.

> *Eu sou o Alfa e o Ômega,*
> *o Primeiro e o Derradeiro,*
> *o Princípio e o Fim.*

> (*Bíblia Sagrada – Ap 22:13*).

Um ser humano trabalha para seu desfrute. Tudo que ele produz, cria, serve em propósito para sua felicidade. Esse comportamento vem de Deus. As *jivas* são produzidas por Deus, portanto, servem para a felicidade d'Ele. Ao realizar sua função, a *jiva* também fica repleta de felicidade. Quando um casal tem relação sexual, a mulher dá prazer ao homem, mas também sente prazer nisso. A relação do casal é melhor, mais duradoura, quando um tenta satisfazer o outro. Quando somente um está trabalhando para a satisfação do outro, temos uma relação abusiva e tóxica. Quando os dois são egoístas temos uma relação baseada no interesse.

Da mesma forma ocorre a relação entre os seres vivos e Deus. Quando o ser vivo cumpre sua função e serve ao Senhor Supremo, ele fica feliz. Quando o ser vivo quer ele próprio ser o desfrutador, ele se desconecta do Divino, pois não há como estabelecer uma relação abusiva com o Senhor; nós, seres infinitesimais, não temos meios de dominar o infinito, assim, ao assumir uma postura egoísta, desconectamo-nos do Senhor, isolamo-nos. Não porque Ele quis, pois Ele está sempre disposto para conosco, de braços abertos, mas porque nós assim quisemos.

Amarás o Senhor, teu Deus,
de todo o coração, de toda a alma e de todo o entendimento.

(Bíblia Sagrada – Mt 22:37).

Nesse verso são observadas as diretrizes, *de todo o coração*, de onde vem o amor, relacionado com a característica de bem-aventurança *ananda* do Supremo; *de toda a alma*, origem da vida no plano material, é a alma que anima a matéria, relacionando-se com a existência eterna do Senhor, de onde emanamos, *sat*; e *de todo o entendimento*, pois é preciso entender nossa verdadeira constituição original de servos do Senhor para desenvolvermos esse amor, utilizando a nossa capacidade cognitiva, que recebemos de *cit*.

Figura 6 – O Cristo Redentor, na cidade do Rio de Janeiro, de braços abertos para quem quiser se aproximar

Fonte: fotografia de Celso Pupo Rodrigues. Disponível em: https://pt.dreamstime.com/imagem-de-stock-royalty-free-redentor-image702516. Acesso em 15 jun. 2021

O pecado original, portanto, tem a ver com egoísmo. Quando a *jiva* não percebe sua constituição original como serva do Supremo, ela passa a acreditar que ela mesma é o supremo, pois como somos feitos à imagem e à semelhança do Senhor, nós somos iguais, só que Ele é infinito e, nós, infinitesimais. O resultado dessa falsa concepção de si mesmo, do falso ego, é o início do Mundo Material. O falso ego é o primeiro elemento material, pois ele altera a característica essencial da *jiva*.

No Mundo Espiritual, livre de sofrimento, longe da matéria, das limitações corpóreas, a única limitação é a imaginação do desejo de servir ao Senhor. As *jivas* são como cristais, prismas que recebem e transmitem a energia divina, expandindo ilimitadamente o *Brahman*. Porém, as *jivas* que estão sob o domínio do falso ego se transformam em uma espécie de carvão. As estruturas químicas do carvão e do diamante são praticamente idênticas, porém, a forma de ligação das moléculas é diferente, resultando em materiais totalmente distintos, um opaco e frágil, outro cristalino e altamente resistente.

O falso ego faz com que a *jiva* abandone sua função de ser desfrutada pelo Desfrutador Supremo, Deus, e passa a desejar a ser ela própria, *jiva*, a desfrutadora, e, assim, entre em um estado de competição com as demais e com o próprio Supremo. Isso faz com que ela se isole em uma atitude individualista e competitiva, pois as *jivas* dominadas pelo falso ego querem desfrutar umas das outras, não sendo mais capazes de reproduzir a vibração divina, o que só é possível no amor puro, na servidão ao Senhor. Assim, a forma como ela se conecta com as demais e com o Divino foi alterada, por sua própria ignorância em relação a si mesma, tornando-a opaca e frágil e criando uma sombra dentro do Mundo Espiritual, por onde a energia Divina não passa. É nessa sombra, nesse local escuro, que se desenvolve o Mundo Material, onde todos nós estamos vivendo agora.

Figura 7 – Diamante e carvão

Fonte: fotografia de Richard Thomas. Disponível em: https://pt.dreamstime.com/diamante-entre-o-carv%C3%A3o-image100746021. Acesso em: 15 jun. 2021

Portanto, mal e bem se resumem, na verdade, a egoísmo e altruísmo, sendo que a meta última do verdadeiro altruísta é o serviço devocional ao Senhor Supremo e a do egoísta é a sua própria satisfação; entretanto, a fonte de tudo é Deus e, ao negar o serviço devocional, a pessoa não tem mais acesso à fonte e, assim, seus desejos são sempre frustrados.

PARTE II
O UNIVERSO E A MATÉRIA

2.1 O MUNDO MATERIAL

Há, portanto, três diferentes energias divinas. A energia superior ou interna é Deus propriamente dito, Suas expansões pessoais e o Mundo Espiritual. Em cada planeta no Mundo Espiritual, uma diferente forma de Deus reina, e todas essas diferentes personalidades são manifestações da energia superior da Suprema Personalidade de Deus. Sendo assim, todas elas são manifestações do Supremo. A energia marginal são as *jivas*, as entidades vivas, nós, e a energia inferior ou exterior é a manifestação material da qual trataremos agora.

No Mundo Espiritual, é impossível uma concepção de vida baseada na competição egoísta entre as *jivas*. A única coisa que a *jiva* consegue com isso é se isolar, porém, Deus é tão misericordioso que Ele nos permite experimentar essa concepção de vida baseada no falso ego ao invés da concepção de vida baseada no serviço amoroso (*bhakti*).

Como nada existe sem Ele e tudo repousa n'Ele, *Bhagavan* penetra nessa área escura criada pela sombra projetada pelas próprias *jivas* dominadas pelo falso ego, para que ali elas possam experimentar a concepção de vida que tanto desejam. Afinal, Ele é o núcleo central e, para que o Mundo Material se manifeste, Ele precisa assumir a posição de núcleo central também dentro do Mundo Material.

Às vezes, um pai atencioso permite que o filho caia para que compreenda como é doloroso e aprenda a se levantar e a se equilibrar sozinho. Da mesma forma, Deus permite que nós experimentemos a concepção de vida egoísta para que, assim, compreendamos que não há felicidade nesse modo de vida, apenas sofrimento, e, dessa forma, retornarmos ao Supremo com nossos próprios pés espirituais e plenamente capacitados para a vida devocional pura.

A partir do momento em que se abre a possibilidade para que todos, dentro do Mundo Material, sejam "deuses", cria-se a primeira lei material, que é a lei do *karma*, ação e reação. Se todos podem ser deus, com "d" minúsculo, pois Deus Supremo só existe o original, como estabelecer uma relação de servo e servido, de desfrutador e desfrutado? Portanto, a lei do *karma* serve para estabelecer a regra geral do jogo material. A lei do *karma* é uma espécie de terceira lei de Newton aplicada para as *jivas* dentro do Mundo Material: para toda ação existe uma reação de mesmo valor, mesma direção e sentido oposto, ou seja, o que cada jiva fizer para outra terá que receber aquilo em troca. Cada um colhe o que planta (NEWTON, 2018).

Para que essa lei seja estabelecida é necessário que seja criado o lapso temporal. O tempo é um dos primeiros ingredientes do Mundo Material, pois é preciso que se tenha primeiro a ação para depois haver a reação. Esse ambiente causal criado dentro do Mundo Material é chamado de Oceano Causal, a primeira manifestação dentro do Mundo Material (PRABHUPADA, 1995). No princípio era o Caos. O Oceano Causal, ou Caos, nada mais é do que o karma, o tempo e as expectativas das jivas motivadas pelo falso ego, seus desejos e intenções.

No Mundo Espiritual não há lapso temporal e tampouco limitação espacial. É difícil para nós compreendermos isso, pois nossa mente e nossa inteligência estão limitadas pelo espaço-tempo. Porém, podemos tentar compreender o conceito. Como essas limitações não existem no Mundo Espiritual, no momento em que a jiva comete o "pecado original" surge o falso ego e ela penetra no Mundo Material. É automático e simultâneo. A partir do momento em que o ser vivo deixa de ser um "diamante" e se transforma em um "carvão", ele "está" em um local escuro, pois o brilho divino não pode mais passar. Esse "local escuro" é o Mundo Material.

Bhagavan, então, "deita-se" no Oceano Causal e repete, dentro do Mundo Material, o mesmo padrão do Mundo Espiritual. É dito no Srimad Bhagavatam que os universos emanam dos poros do Maha Vishnu[5], que é o nome dado a essa forma do Senhor Supremo dentro do Mundo Material, de onde os universos emanam. Maha Vishnu é o núcleo central do Mundo Material, de onde emanam incontáveis universos. O Grande Sol, o Grande Buraco Negro de onde inúmeros universos emanam para atender o desejo egoísta de cada jiva.

A expansão e a retração dos universos a partir de Maha Vishnu são analisadas como se fossem a respiração do Maha Vishnu, o que é apenas uma demonstração da relatividade do tempo e do espaço (EINSTEIN, 2013). A duração de cada universo é o tempo da respiração do Maha

---

[5] pronuncia-se vis-nu, com a sílaba vis com o "s" com som de "x", como os portugueses costumam pronunciar

Vishnu. O tamanho de cada universo é muito limitado quando comparado ao Maha Vishnu. Cada jiva recebe seu próprio universo e, uma vez dentro dele, ela pode ser deus.

Já dizia Einstein que tudo depende da perspectiva. Uma vez dentro do universo, a jiva pode experimentar a criação de seu próprio universo, sendo o deus dentro dele. Tudo isso é uma longa vida poderosa, mas acontece em um curto período de tempo se analisado de fora do universo. No final do período de vida Brahma, que é o nome dado ao criador dentro do universo, o universo se contrai e entra novamente no Maha Vishnu.

Brahman é O Absoluto, a Causa Primordial. Brahma é a função adquirida pela jiva dentro de seu universo particular, como cocriador do universo, uma vez que todos os ingredientes são dados por Bhagavan na forma de Maha Vishnu, o Mantenedor Supremo. Portanto, Brahma não cria o universo, ele cocria, pois só o que pode fazer é manipular os elementos. Assim como o ser humano não cria nada dentro deste mundo, ele apenas transforma a matéria.

Ao criar os diferentes sistemas planetários e seres vivos, Brahma fica tão apegado à sua criação, que é tão perfeita aos seus olhos, que ele sente vontade de experimentar tudo, como uma criança que finge ser os bichinhos de sua fazendinha de faz de conta. Assim começa o ciclo de vida da jiva dentro do universo, que após experimentar a posição de Grande Arquiteto do Universo, vai experimentar todas as formas de vida, desde a mais insignificante até a mais extraordinária. Esse ciclo é chamado de samsara, o ciclo da vida.

Figura 8 – *Samsara*[6]

Fonte: ilustração de Anton Tokarev. Disponível em: https://pt.dreamstime.com/dharma-wheel-dharmachakra-s%C3%ADmbolo-de-ensinos-do-s-da-buda-no-trajeto-%C3%A0-ilumina%C3%A7%C3%A3o-liberta%C3%A7%C3%A3o-karmic-image113128091. Acesso em: 16 jun. 2021

Portanto, Sri Krishna é o centro de toda manifestação, a Causa Primordial sem causa, e sua refulgência expande-se para todas as direções ilimitadamente. Por conta do falso ego das *jivas*, uma sombra é criada no Mundo Espiritual, gerando uma área escura, o Mundo Material preenchido pelo Oceano Causal, que é o elemento material necessário para regular as

---
[6] A figura aqui representada pode se referir tanto à *samsara*, quanto ao *chakra*, que são centros por onde os diferentes fluxos energéticos se encontram, espécie de rotatória energética, e quanto ao aspecto da própria manifestação expandindo-se ao redor de um núcleo central.

relações das *jivas*. O Senhor Supremo, Maha Vishnu, o Mantenedor Supremo, "deita-se" no Oceano Causal e os universos são gerados a partir d'Ele para que as *jivas* tenham um local de ação.

Dentro de cada universo, a primeira experiência da *jiva* é como Brahma, o Grande Arquiteto, que cria os diferentes sistemas planetários e formas de vida. Sri Krishna é o núcleo central de toda manifestação. Maha Vishnu, uma expansão do Senhor Krishna, é o núcleo central do Mundo Material. Brahma é o cocriador do Universo. Para que cada universo particular exista, Maha Vishnu se expande mais uma vez e penetra em cada universo particular como Vishnu, sendo o núcleo central e origem material interna para cada universo particular, fornecendo os ingredientes necessários para que Brahma possa "brincar" de deus. Mais adiante abordaremos melhor a criação interna do Universo.

> *No princípio, Deus criou os céus e a terra.*
> *Era a terra sem forma e vazia;*
> *Trevas cobriam a face do abismo*
> *E o espírito de Deus se movia sobre a face das águas.*

> *(Bíblia Sagrada – Gn 1:1-2).*

2.2 O CORPO SUTIL MATERIAL

O falso ego é o primeiro elemento material, pois é ele que torna possível a existência de uma área escura, apartada do Mundo Espiritual, onde o Mundo Material se manifesta. O falso ego é o desejo em ser o desfrutador. Automaticamente, com o falso ego surge a mente, cuja função é desejar, pensar e sentir.

A mente surge do falso ego, pois junto a ele surge a tendência da *jiva* ao desfrute. Isso nada mais é do que expectativa, desejo. A mente material é gerada naturalmente do falso ego e passa a atuar automaticamente, como uma máquina, que uma vez ligada passa a funcionar de forma autônoma, independente da vontade do dono, pensando, desejando e sentindo o tempo todo.

Ao desejar, o pensamento surge automaticamente. Quando sente sede, o sujeito deseja saciá-la e pensa em beber água ou suco, por exemplo; o pensamento delimita o desejo e o categoriza, qualifica-o. Finalmente, para usufruir algo é necessário sentir. Desejo, pensamento e sensação são as três funções da mente e ela nunca para de executá-las, mesmo quando estamos dormindo, mesmo quando estamos sem um corpo material. A mente é o segundo elemento do corpo sutil material.

O terceiro elemento material, ainda sutil, é a inteligência. A inteligência surge naturalmente da mente para instrumentalizá-la, sendo sua ferramenta. Se a mente deseja uma maçã e a maçã está em um local alto, é necessário utilizar-se da inteligência para desenvolver uma técnica para se apropriar da maçã. A inteligência é uma ferramenta da mente, mas é, também, o instrumento pelo qual nós podemos entender todo esse mecanismo que nos aprisionou e nos libertarmos. Todo sistema carrega dentro de si as razões da sua destruição. As ferramentas pelas quais o sistema opera são as mesmas que o levam ao seu colapso. A inteligência é a chave para entendermos a mente e o falso ego e, assim, libertarmo-nos da *samsara* e retornarmos de volta ao Supremo.

Portanto, falso ego, mente, inteligência, *karma* e tempo são os cinco elementos materiais sutis que darão origem aos cinco elementos materiais grosseiros propriamente ditos, a matéria tal qual nós conhecemos, que só é possível existir graças a esses elementos sutis. Esses cinco elementos ainda estão no campo das intenções, das expectativas. Não há, ainda, matéria física para que esses desejos possam se realizar.

Assim como o Divino está no centro dos Mundos Espiritual e Material, Ele também se manifesta dentro de cada corpo material individual, pois n'Ele tudo repousa. Não é possível que haja um corpo material sem que a Causa Primordial se manifeste dentro dele, garantindo, desse modo, que, pela vibração original, o corpo exista, como em uma série harmônica. Essa manifestação do Senhor Supremo dentro do corpo material chama-se Superalma ou *Paramatma*, e está dentro do corpo junto a alma ou *atma*, que é a *jiva* dentro do Mundo Material. Sem a presença da alma e da Superalma não há vida dentro da matéria. A Superalma é o núcleo central dentro de cada corpo particular, seja sutil ou grosseiro.

O corpo material é comparado a uma carruagem. A carruagem propriamente dita (o carro) é o corpo material grosseiro, do qual trataremos adiante. Superalma, alma e falso ego são os passageiros, que em nada interferem no itinerário da carruagem, sendo apenas a sua razão de existir. Os cinco sentidos são os cinco cavalos que a puxam, atrelados pelas rédeas da mente que, por sua vez, são controladas pelo cocheiro, a inteligência.

Quando a carruagem fica velha e obsoleta, ela é substituída por outra nova para que a viagem na *samsara* possa continuar. Então, o corpo sutil substitui o corpo grosseiro por outro. O tempo e o *karma* constituem o caminho, as bifurcações e os acidentes de percurso da carruagem, sendo que a alma e a Superalma nunca são afetadas pelas vicissitudes da *samsara*.

Aquilo que espíritas e outras denominações religiosas e filosóficas chamam de espírito, entidades, arquétipos etc., muitas vezes refere-se a determinado corpo sutil. É o corpo sutil que projeta o corpo grosseiro. Criamos esse Mundo Material a partir de nossos desejos, expectativas e intenções. Assumimos diferentes corpos físicos dentro desse universo de acordo com nossos desejos. Nossas ações e intenções em vida projetam o próximo corpo que assumiremos na próxima vida.

Brahma fica tão apegado à sua criação que após a morte do corpo de Brahma, o corpo sutil assume todas as formas corpóreas dentro do universo, começando da mais baixa e avançando gradualmente, até chegar à forma humana de vida. Foram o desejo, as expectativas e as intenções de Brahma que o aprisionaram na *samsara*, assim como foi o falso ego da *jiva* que a condicionou à forma material de Brahma.

Todo o Mundo Material é um mundo pautado por expectativas. Por isso é dito que esse Mundo Material é um reflexo pervertido do Mundo Espiritual, o mundo das realizações e da felicidade. Por isso é dito também que a vida material é uma vida de ilusões e é comparada com um sonho. O sonho é real; nós, de fato, sonhamos. E quando o fazemos, experimentamos sensações reais, como medo e prazer.

Porém, o sonho é apenas uma projeção da mente. Quando o sujeito acorda percebe que tudo o que se passou foi apenas um sonho e rejeita aquilo como realidade. Da mesma forma, ao recobrar sua consciência original, a pessoa percebe que todo o Mundo Material é uma grande projeção coletiva de bilhões de mentes, sendo, portanto, tão ilusório quanto um sonho. A alma não está experimentando a vida do corpo material, é apenas um espectador, preso dentro de um constructo criado por ela mesma, uma matrix. Ela (alma) não sente dor ou prazer, as sensações são sentidas pelos sentidos materiais do corpo material. O corpo sutil é o corpo das intenções, das expectativas, dos desejos. O corpo grosseiro surge para "dar corpo" ao corpo sutil, para que ele possa experimentar, realizar e colher os frutos de suas ações.

> *A Matrix está em todo lugar.*
> *À nossa volta. Mesmo agora, nesta sala.*
> *Você pode vê-la quando olha pela janela*
> *Ou quando liga a TV;*
> *Você a sente quando vai para o trabalho,*
> *Quando vai à igreja, quando paga seus impostos...*
> *É o mundo que foi colocado diante de seus olhos...*

> (Matrix, 1999).

2.3 OS ELEMENTOS MATERIAIS GROSSEIROS

Falso ego, mente, inteligência, causa e efeito e o tempo formam os cinco ingredientes sutis do Mundo Material, que é animado pelo Senhor Supremo, que assume a posição central nessa zona escura como o Mantenedor Supremo, Maha Vishnu, dando origem a inúmeros universos, bem como pela Superalma, que habita, juntamente à alma individual, cada corpo material individual, dando vida a eles. Todas as intenções materiais já estão postas. As expectativas, os desejos, as ansiedades, as projeções. Resta agora o palco para o desenrolar do materialismo, que é a vida em função do gozo dos sentidos, a vida egoísta.

O primeiro elemento material grosseiro é o espaço ou éter. É a delimitação de onde as ações materiais podem ocorrer. Todas as intenções colocadas pelo conjunto dos elementos sutis se condensam e o éter é gerado automaticamente quando surgem os universos de Maha Vishnu. O éter é a representação grosseira do falso ego. Assim como o falso ego delimita o Mundo Material escuro dentro do Céu Espiritual luminoso, o éter é a delimitação do espaço físico dentro desse Mundo Material. Cada *jiva* recebe seu universo particular para desempenhar a função de Brahma, o Grande Arquiteto. Logo, há um limite para a ação da *jiva* dentro do universo.

Cada *jiva* torna-se o deus dentro de seu próprio universo, mas somente dentro do seu universo particular. Esse é o limite. Brahma só existe dentro do universo dele. A duração da vida de Brahma é a mesma duração do universo. Quando Brahma morre, o universo também se dissolve. Após experimentar uma vida como Brahma, o sujeito fica tão apegado à sua criação que quer experimentar as diferentes formas de vida geradas, porém, ao morrer, o universo morre com ele e o sujeito terá que ter todas as experiências dentro da *samsara* em outro universo, comandado por outro Brahma. Quando há a dissolução do universo, todas as *jivas* que viviam nele, inclusive Brahma, ficam imanifestas no corpo do Maha Vishnu até o surgimento de um novo universo em que possam continuar suas atividades do ponto onde foram interrompidas, de acordo com a lei do *karma*.

> *No princípio era o Verbo, e o Verbo estava com Deus, e o Verbo era Deus.*
> *Ele estava no princípio com Deus.*
> *Todas as coisas foram feitas por ele, e sem ele nada do que foi feito se fez.*
>
> *(Bíblia Sagrada – Jo 1:1-3).*

Junto ao primeiro elemento físico espacial surgem a capacidade de tangência, as direções, o som, a audição e o ouvido. O éter, ao misturar-se com os elementos sutis, condensa-se devido à sua necessidade de ser preenchido e, assim, surge o ar. O ar é a manifestação grosseira da mente. Assim como a mente preenche o Mundo Material com seus desejos, expectativas e intenções, o ar preenche toda matéria física. O ar preenche o espaço e com ele surge o tato, a pele, as sensações físicas, o movimento e a força. A sustentação do corpo material torna-se possível.

Juntos, ar, éter e os elementos sutis, cheios de intenções, precisam se reconhecer dentro desse universo material e, então, dão origem ao fogo. O fogo é a manifestação grosseira da inteligência. A inteligência instrumentaliza e operacionaliza a mente, processando os desejos. Da mesma forma, o fogo gera luz e calor, que permitem que os objetos sejam vistos e reconhecidos dentro do universo. O fogo também altera e transforma os materiais. Com o fogo surge a visão, os olhos, as formas, as cores, a capacidade de digestão e do corpo se alimentar e extrair energia dos diferentes materiais. A manutenção da vida do corpo material torna-se possível, assim como a capacidade da mente realizar seus desejos é obtida com a inteligência.

Com a capacidade de digestão do corpo material surge a vontade de saborear os diferentes alimentos. Fogo, ar e éter, motivados pelo corpo sutil, dão origem à água, que é uma manifestação grosseira do *karma*. As diferentes interações dos seres vivos sob a lei de causa e efeito geram diferentes humores como raiva, ciúmes, medo, luxúria, alegria etc. Da mesma forma, a água dá sabor à matéria física. Assim surgem a língua, os diferentes sabores, o alimento, o sangue e outros fluídos e as emoções manifestadas. Assim como os alimentos possuem sabores diferentes, como azedo, doce, amargo, salgado e alcalino, os sujeitos podem extrair diferentes sabores, ou emoções, dos relacionamentos entre si, como as supracitadas. Afinal, o verdadeiro desfrute sempre se dá de um ser sobre outro ser. Desfrutador e desfrutado vivem trocando de posição no Mundo Material de acordo com a lei do *karma*, assim como diferentes materiais e combinações produzem diferentes sabores.

Por fim, todos esses elementos sutis e grosseiros precisam de um recipiente que os acolha; dessa forma, surge a terra, que é uma manifestação grosseira do tempo. O tempo determina a relação causal da lei do *karma*, ação e reação. A terra dará o corpo físico em que essa ação ocorrerá. Com a terra surgem o aroma, o olfato, o nariz, o corpo material propriamente dito e os diferentes materiais. Einstein entendeu que espaço-tempo eram relativos entre si. Quando dizemos espaço nessa equação estamos nos referindo ao elemento terra, pois é ele quem determina os corpos físicos e seus tamanhos. A terra organiza e delimita o espaço e o conceito relativo a espaço-tempo é um conceito relativo a terra-tempo, sendo que terra se refere ao espaço físico, geográfico. O elemento espaço, éter, é um só. O que vai determinar os tamanhos dos corpos envolvidos é o elemento terra. Assim, o átomo, o sistema solar e a galáxia são modelos parecidos. A diferença entre eles é o espaço-tempo, porém, quando dizemos espaço queremos dizer o local ocupado por determinado corpo físico. Assim, quando dizemos espaço dentro de um conceito de relatividade, referimo-nos ao corpo, produto do elemento terra, pois o espaço é um só, não tem tamanho, o tamanho é uma dimensão do corpo. Logo, a relatividade do espaço é a relatividade do corpo no espaço. Sendo assim, terra é a manifestação grosseira do elemento sutil tempo.

A terra possui todos os outros elementos dentro dela, portanto, além do aroma, que é sua característica principal, a terra também possui sabor, forma, sensibilidade e alcance (o som se propaga por uma pedra, por exemplo). Da mesma forma, o elemento sutil tempo possui todos os outros dentro dele, a relação causal, a inteligência, a mente e o falso ego, afinal, o tempo só existe para dar vazão ao *karma*, sem este, aquele se torna inútil.

Assim, a água não possui aroma. Se alguém sente o cheiro de algum líquido, não é por causa da água e, sim, devido a outro material que se encontra no líquido. E além do sabor, que é sua propriedade característica, a água também possui forma, sensibilidade e alcance. Da mesma forma, o *karma* não possui lapso temporal. Quando alguém peca, imediatamente a pessoa fica impregnada pelo pecado, seu brilho corpóreo diminui, independentemente da reação que ela colherá no futuro para neutralizar esse pecado. O mesmo ocorre para uma ação altruísta. A pessoa fica impregnada de boa ação, seu brilho corpóreo aumenta, independentemente das reações positivas que colherá no futuro. Mas o *karma* só existe por estar repleto do falso ego, mente e inteligência, afinal, sem as intenções e as ações intencionadas pelos desejos, não haveria reações.

O fogo, por sua vez, não possui nem aroma e nem sabor e, além da sua característica principal, que é a forma, ele também possui sensibilidade e alcance, afinal, os raios de sol chegam até nós e é possível sentirmos seu calor. Sendo assim, a inteligência não está limitada pelo *karma* e pelo tempo. Podemos executar inúmeras tarefas mentalmente em um piscar de olhos, o que seria impossível de se executar fisicamente se fôssemos limitados pelo tempo. Outrossim, sem a ação a inteligência não fica condicionada pelo *karma*. É preciso agir para ter resultados, é preciso ação para desencadear uma reação. Da mesma forma, a inteligência é o instrumento da mente e do falso ego, que fazem parte dela.

O ar não possui nenhuma das propriedades dos elementos posteriores, como forma, sabor e aroma, mas além da sua principal propriedade, que é a sensibilidade, ele também pode ser alcançado. Analogamente, a mente, sem os elementos sutis posteriores, a saber, inteligência, *karma* e tempo, ainda não está instrumentalizada. Ela preenche o falso ego de desejo, de expectativas e de intenções, mas é só. Não há nenhum mecanismo de ação presente.

Por fim, o éter só possui a característica da espacialidade. O som se propaga pelo espaço, mas não pode ser tocado, nem visto, nem saboreado e nem cheirado. Seu representante dentro dos elementos sutis, o falso ego, também não possui nenhuma outra característica além da falsa concepção de si mesmo, gerando a sombra escura para que o Mundo Material possa ser manifestado, exatamente como o éter não possui nenhuma outra característica além da espacialidade em que a matéria possa ser manifestada. Esse é o raciocínio que comprova a dinâmica da origem dos elementos materiais, sejam eles sutis ou grosseiros.

Além do mais, o elemento que contém os anteriores é capaz de neutralizá-los. Se jogarmos terra em uma poça de água neutralizamos a poça. O mesmo se jogarmos terra no fogo, ou dentro de um recipiente com ar. A terra também pode ser usada como isolante acústico, por meio de tijolos de alvenaria, paredes de areia, lã de rocha ou lã de vidro. Da mesma forma, o tempo neutraliza o *karma*. Somente com o passar do tempo o sujeito realiza seu *karma*, que nada mais é do que o resultado das ações direcionadas pela inteligência, motivada pela mente e pelo falso ego.

A água não é capaz de neutralizar a terra. Quando irrigamos a terra, a água é absorvida pela terra, pois o elemento água está contido dentro do elemento terra. Mas podemos apagar o fogo com a água. Também podemos encher um recipiente cheio de ar com água ou até mesmo um recipiente fechado a vácuo, apenas com o elemento espacial dentro. A água ocupa lugar no espaço, neutralizando-o. Analogamente, o *karma* não neutraliza o tempo. O *karma* "irriga" o tempo e é absorvido por ele, o "tempo" todo. Porém, sofrendo as ações do *karma*, podemos motivar nossa inteligência a questionar a mente e o falso ego e, assim, livrarmo-nos da *samsara* ao abandonar a vida motivada no materialismo.

O fogo consome o ar e ocupa o espaço, neutralizando-os, porém, é neutralizado pela água e pela terra. Similarmente, não podemos vencer o *karma* e o tempo com nossa inteligência, mas podemos utilizá-la para compreendermos a mente e o falso ego e, assim, usá-la para nos dedicarmos ao serviço devocional ao Senhor e, então, o *karma* não é gerado, o tempo torna-se nulo e o sujeito se liberta da vida condicionada material.

O ar neutraliza o espaço, porém, é neutralizado por todos os outros elementos, pois está contido dentro deles. Mamíferos respiram diretamente pelo ar. Os peixes respiram o ar contido na água. As plantas conseguem extrair o ar da terra. A mente, como já citado, preenche o falso ego de desejos, de expectativas e de intenções, gerando os outros elementos sutis, mas se usarmos nossa inteligência para direcionar a mente para desejar o serviço devocional ao Senhor Supremo, os desejos transcendentais da mente neutralizarão o falso ego, ao contrário dos desejos motivados pelo falso ego, que geram a matéria e a vida condicionada.

Por fim, o elemento éter, o espaço, é ocupado por todos os outros elementos e está contido dentro deles, pois as vibrações podem reverberar em todos os meios. O fogo do sol chega até nós reverberando pelo espaço. As vibrações sonoras podem ser transformadas em energia elétrica e depois transformadas novamente em som, utilizando-se das forças eletromagnéticas. Da mesma forma, o falso ego também é preenchido por todos os outros elementos sutis. Fica, assim, comprovada a dinâmica de evolução dos elementos materiais, grosseiros e sutis, e a forma como podem ser neutralizados.

2.4 O UNIVERSO MATERIAL

O universo material é fruto do falso ego e do desejo. Ele surge da necessidade da *jiva* de ter a experiência de ser deus dentro de seu próprio universo, já que não há como competir com o Deus original. Daí surge o Mundo Material e todos os elementos materiais.

Figura 9 – O Senhor Brahma[7]

Fonte: ilustração de Ramya827. Disponível em: https://pt.dreamstime.com/lorde-vishnu--com-seu-cons%C3%B3rcio-deusa-mahalakhsmi-imagem-de-reclinando-se-em-seshnag--sua-consorte-mahalakshmi-pressionando-seus-image166466185. Acesso em: 16 jun. 2021

O universo material é como um coco. Ele é revestido de várias camadas, sendo a mais externa o falso ego, e, em seguida, vêm mente, inteligência, *karma*, tempo, espaço, ar, fogo, água e terra. Cada camada subjacente possui metade do tamanho da camada anterior.

---

[7] O Grande Arquiteto do Universo, que surgiu do Senhor Vishnu –, o "espírito de Deus sobre as águas". Brahma surge de um grande ovo dourado de luz, o Big Bang, comparado ao desabrochar de uma flor de lótus.

No *Srimad Bhagavatam* há diversos capítulos descrevendo o universo e a criação. Cada um utiliza-se de diferentes analogias e alegorias para fazer essa descrição. É dito que, assim como um coco, o universo tem sua parte interna preenchida por água até a metade. Maha Vishnu penetra cada universo particular e deita-se nesse oceano de água na forma de Vishnu, o Mantenedor do Universo, e de seu umbigo nasce um lótus. O Senhor Brahma, o Grande Arquiteto do Universo, está dentro do lótus e passa a criar o universo após o desabrochar da flor. É também dito que Brahma surge de um grande ovo dourado, que é a origem de todos os sistemas planetários dentro do universo.

Em outra passagem, o caule do lótus é descrito como Meru, a montanha no centro do universo, e todos os sistemas planetários estão à sua volta. Outro sábio descreve o universo como uma árvore de ponta-cabeça; outro, como um corpo, tal qual uma pessoa. Todos estão corretos!

Figura 10 – *Torus* – Formato do universo

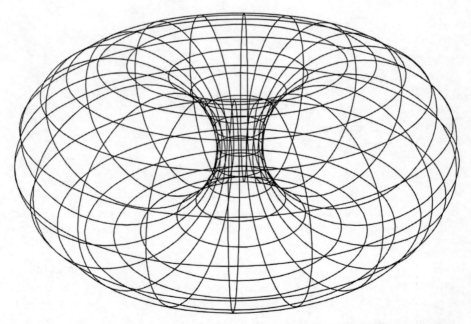

Fonte: ilustração de Attaphong. Disponível em: https://pt.dreamstime.com/topologia-do-tronco-circunda-matem%C3%A1tica-geom%C3%A9trica-em-fundo-branco-image198703522. Acesso em: 16 jun. 2021

O empiricismo da ciência impossibilita a real compreensão da natureza das coisas, pois, como vimos, existem elementos sutis que não podem ser mensurados ou capturados pelos sentidos materiais grosseiros, pois estão além destes. Somente os elementos físicos grosseiros podem ser medidos pelas nossas ferramentas e nossos sentidos, mas podemos usar nossa inteligência e a observação da realidade aparente para compreendermos o que está além da matéria e é isso que os sábios fazem com suas diferentes analogias.

Figura 11 – *Torus* com diferentes camadas[8]

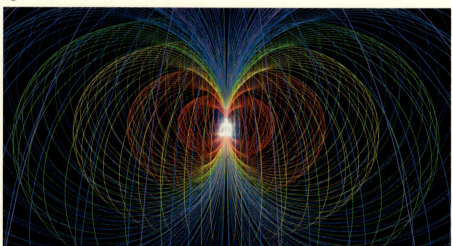

Fonte: ilustração de Aum016. Disponível em: https://pt.dreamstime.com/sistema-chakra--dos-campos-de-torus-energia-humana-d-ilustra%C3%A7%C3%A3o-do-image200968819. Acesso em: 16 jun. 2021

O universo tem o formato de um *torus*, que em geometria pode ser definido como o lugar geométrico tridimensional formado pela rotação de uma superfície circular. É fácil observar na natureza que todas as coisas se organizam em formas circulares. Ainda que não possamos ver o universo, já podemos ver as galáxias, os sistemas planetários, os astros, as células, a gota, a molécula etc. Podemos observar também que tudo está em movimento, afinal, como vimos, uma característica fundamental da matéria é a vibração, que é forma pela qual todo tipo de energia se espalha

---

[8] A descrição do universo dada pelo *Srimad Bhagavatam* coincide com o *torus*, um objeto geométrico circular.

pela manifestação, por isso o estudo do som e das séries harmônicas é tão importante, porém, não somente este, também a geometria, a matemática e todas as disciplinas da física.

Como as coisas na natureza se organizam de forma circular e estão em constante movimento, o *torus* é a definição geométrica perfeita para o universo, mas não é preciso ser matemático ou físico para entender. Existem vários fenômenos na natureza que podemos observar para melhor visualizar o universo, como furacões, redemoinhos e até uma maçã!

Figura 12 – Cortes diferentes de uma maçã

Fonte: fotografias de Food-micro e Mamuka Gotsiridze. Disponíveis em: https://pt.dreamstime.com/imagens-de-stock-apple-cortou-dentro-parcialmente-image23708054 e https://pt.dreamstime.com/fotografia-de-stock-ma%C3%A7%C3%A3-completa-e-fatia-cortada-image40413612. Acesso em: 16 jun. 2021

O universo possui um vórtice. Esse vórtice é o que os sábios descreveram como caule do lótus, cordão umbilical, tronco da árvore, montanha Meru ou coluna vertebral do corpo no centro do universo. Os sistemas planetários ficam organizados todos em volta desse vórtice, como as sementes da maçã, os galhos da árvore, as pétalas do lótus ou os membros do corpo. O Big Bang, que deu origem a tudo dentro do universo, é um grande ovo dourado, um grande Sol ou um botão de lótus que desabrochou, que explodiu, dando origem a todos os sistemas planetários, como descrito no livro do Gênesis, "Haja luz" (BÍBLIA SAGRADA, 2021). Observando o corte horizontal da maçã podemos ver como as sementes se organizam iguais às pétalas de uma flor. No centro de tudo está o sistema planetário do Senhor Brahma, o Grande Arquiteto do Universo, a origem do Big Bang.

Figura 13 – Ilustração de uma árvore[9]

Fonte: ilustração de Abdul Rohim. Disponível em: https://pt.dreamstime.com/ilustra%-C3%A7%C3%A3o-stock-silhueta-da-%C3%A1rvore-com-raiz-image77943833. Acesso em: 16 jun. 2021

---

[9] Até as plantas repetem o padrão universal de organização, com o tronco como vórtice e as raízes e galhos se espalhando ao redor

2.5 A PERSONALIDADE DAS COISAS

Tudo tem personalidade. Até mesmo o universo surge da necessidade de uma personalidade de manifestar seus desejos e intenções, portanto, o universo é uma manifestação de uma personalidade, Brahma. Essa personalidade também possui uma residência, um planeta ou, talvez, até um sistema planetário inteiro. Todos esses ambientes refletem a personalidade de Brahma e, portanto, não são diferentes dele.

A casa de uma pessoa tem a personalidade daquela pessoa. Quando entramos na casa de alguém vemos a personalidade da pessoa em seus objetos, sua decoração, na arrumação ou bagunça, até mesmo no cheiro da casa! Quando Brahma morre, morre também todo o universo, da mesma forma que uma casa, sem cuidados, deteriora-se até virar ruínas. Portanto, não é errado dizer que o universo é uma pessoa. Os deuses da Antiguidade nada mais eram do que personalidades de manifestações da natureza, como o Sol, a Lua, o vento, o oceano. Todas essas coisas possuem personalidade e residência. As personalidades das diferentes manifestações dentro do universo são conhecidas como deidades predominantes ou deuses, diferentes do Deus Supremo, que é a Personalidade Original.

Todo sistema de crença politeísta admite que há um Deus Supremo e todos os demais são deuses com funções específicas. Portanto, não existe divergência entre politeísmo e monoteísmo. Os sistemas politeístas simplesmente adotam a crença em diferentes deuses com diferentes funções, com objetivos materiais. Isso não coloca a posição do Deus Supremo em cheque. Não há uma competição real entre esses deuses. O que há é uma procura entre esse ou aquele deus, dependendo do interesse material específico do devoto, como chuvas adequadas para uma boa colheita, para proteção contra inimigos e doenças, para conseguir um bom casamento, um bom emprego ou bons filhos. Portanto, os sistemas de crenças politeístas são sistemas materialistas, assim como os diferentes ramos da ciência.

O sujeito pode optar por biologia, química, física, economia, direito, psicologia, história, geografia etc. Cada ramo vai dar ao sujeito conhecimento e poder sobre um determinado campo de conhecimento, logo, poder real sobre a sociedade. Exatamente assim operam as crenças politeístas. Cada qual busca o favor de um deus específico para adquirir poder em determinada área, porém, tudo isso é um mecanismo de obtenção de sucesso material. Não há nenhuma oposição ou divergência com o Deus Supremo. Deus é transcendental à matéria. Nada que é material está em oposição a Deus, pois tudo repousa n'Ele (PRABHUPADA, 1976). O materialismo é que coloca o ser vivo em uma vida contrária à vida espiritualista. Ao optar pelo materialismo, o ser humano busca o sucesso material. Ao optar pelo espiritualismo, o sujeito busca o fim da vida material e o retorno ao Supremo. O antagonismo só existe dentro de cada um.

Todos os elementos que surgem dentro do universo, antes mesmo da criação propriamente dita, possuem personalidade e residência. Por exemplo, o elemento fogo possui personalidade e residência e é graças a ele que os bilhões de sóis podem existir, assim como o fogo e o calor manifestos localmente. É como se o elemento primário fogo fosse a vibração original de toda uma série harmônica de vibrações que inclui desde os sóis centrais das diferentes galáxias até cada singelo fogo particular que pode se manifestar em um lugar específico, até mesmo de um simples palito de fósforo. Ou seja, existe um deus elemental maior, o Fogo, e os deuses menores, os sóis. E cada um deles pode ser representado dentro de sua circunscrição. Por exemplo, o deus Fogo pode se manifestar em qualquer lugar do universo, por meio do fogo, mas também pode ir pessoalmente a algum lugar. Assim como os atos de um chefe de Estado podem ser manifestos mesmo na ausência desse líder e, quando conveniente, esse líder pode ir pessoalmente a algum lugar e se manifestar para seus apoiadores. Da mesma forma, os raios do sol central da galáxia podem nos influenciar dentro do nosso sistema solar, mas não podem influenciar outra galáxia, em outra circunscrição.

Claro, existem exceções. Assim como uma nação pode invadir outra, no universo, uma galáxia pode se chocar com outra. Os bilhões de sóis que compõe o que chamamos de sol central da galáxia formam o sistema planetário do Senhor Sol Central da Galáxia, sua capital e toda a galáxia é seu Estado. Se ele desejar, ele pode se manifestar pessoalmente em um sistema planetário periférico. Nosso sol, centro do nosso sistema solar, é uma representação do Sol Central, como uma repartição pública da União em uma cidade no interior. Todos os planetas dentro do sistema solar estão subordinados a ele. Quando nossa estrela explodir, todos os planetas dentro do sistema também morrerão, portanto, nosso sistema solar é uma manifestação do Sol, assim como a galáxia é uma manifestação do Sol Central. Por conseguinte, há uma hierarquia dentro do Universo.

Figura 14 – Nuvem de Oort, a cobertura do nosso sistema solar, muito parecida com uma molécula

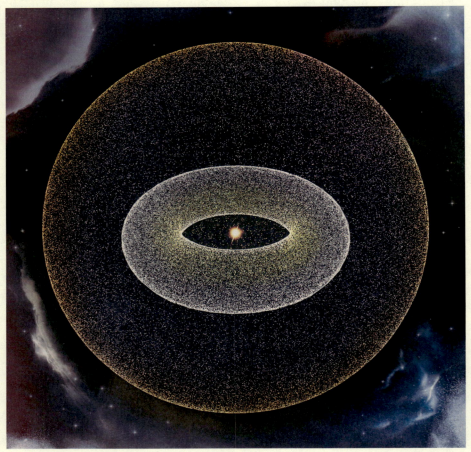

Fonte: ilustração de Vampy1. Disponível em: https://pt.dreamstime.com/nuvem-de-oort-%C3%A9-uma-te%C3%B3rica-planetesimais-predominantemente-gelados-propostos--para-cercar-o-sol-que-est%C3%A1-al%C3%A9m-da-heliosfera-image186510268. Acesso em: 16 jun. 2021

Da mesma forma, cada planeta possui personalidade própria e a vida que se manifesta dentro de cada planeta está intimamente ligada a ele. Portanto, somos filhos da Terra, netos do Sol, bisnetos do Sol Central da Galáxia e descendentes de Brahma. Tudo possui vida e personalidade, incluindo a Terra. Cada astro no universo é único. Para os microrganismos que vivem dentro do nosso corpo podemos parecer um planeta sem vida. O ciclo de vida deles é tão curto e eles são tão pequenos que nossos movimentos são quase que imperceptíveis para eles. Da mesma forma, os movimentos da Terra são imperceptíveis para nós, apesar de ela rotacionar a 1,7 mil km/h, realizar sua órbita ao redor do Sol a mais de 100 mil km/h, que, por sua vez, viaja a mais de 800 mil km/h ao redor da galáxia, tudo ao mesmo tempo, e ninguém fica tonto e enjoado!

Pode parecer contraditório ao analisarmos a velocidade com a qual os astros viajam pelo espaço sideral com a afirmação de que o movimento deles seria imperceptível para nós. O fato é que quando nos referimos à determinada velocidade, referimo-nos à determinada perspectiva de espaço-tempo. A velocidade nada mais é do que o deslocamento entre espaço e tempo. Nossas referências são metros e segundos. Quando usamos essas mesmas referências para os astros, naturalmente, os números resultantes são "astronômicos"! Porém, o que é um metro e um segundo para o Sol? Nada. Os astros estão em outra dimensão de espaço-tempo. Por isso, os cálculos terrestres não nos dão uma real perspectiva do movimento deles.

Não devemos comparar movimentos astronômicos com movimentos humanos, assim como não podemos utilizar as métricas de espaço-tempo humanos ao analisarmos os movimentos atômicos. Só aprendemos a calcular o movimento das estrelas muito recentemente, graças à tecnologia e ao avanço da matemática. Se colocarmos em perspectiva, se pensarmos na personalidade das coisas, imaginando os astros como pessoas, o sistema solar dando a volta na galáxia teria a mesma sensação da Terra dando a volta no Sol, ou da Lua dando a volta na Terra, ou um cidadão fazendo seu trajeto diário entre casa e trabalho. Cada um dentro da sua própria dimensão de espaço-tempo.

A Terra é 70% água. O corpo humano também. Somos filhos da Terra! Se pegarmos uma rocha, por exemplo, é óbvio que essa rocha não possui vida, e é a mesma coisa de quando cortamos uma unha. A unha em si não possui vida, mas ela faz ou fazia parte de um organismo vivo.

Figura 15 – Concepção artística do nosso sistema solar. Cada astro tem personalidade própria

Fonte: Nasa, 2008. Disponível em: https://images.nasa.gov/details-PIA10969. Acesso em: 26 maio 2021

Visto de longe, o sistema solar também parece com uma maçã, repetindo o padrão do universo. Ele é rodeado por bilhões de corpos celestes, assim como um corpo é formado por células. O sistema solar parece uma molécula e, de fato, ele é como uma molécula da galáxia. A molécula é formada por diferentes átomos, cada qual rodeado por elétrons, assim como os planetas que compõem o sistema solar são rodeados por satélites. Todo o sistema solar, em uma perspectiva da galáxia, pode ser considerado como um planeta, um corpo fechado, pois ele é rodeado por partículas que compõem a nuvem de Oort. Se considerarmos toda a galáxia como um corpo, cada sistema solar individual é uma molécula desse grande corpo cósmico.

A deidade predominante do sistema solar é a do sol e os diferentes corpos celestes são personalidades menores. É como se o sistema solar fosse uma cidade. O prefeito representa o Estado dentro da cidade e representa a cidade dentro do Estado. Do mesmo modo, o sol é a autoridade dentro do sistema solar e o representante desse sistema nas instâncias galácticas/universais superiores. E assim como existem regiões metropolitanas com mais de uma metrópole, existem sistemas solares com mais de um sol.

2.6 O CAMPO DA SEMEADURA

Uma flor também tem personalidade. Cada rosa é única, porém, as rosas, em geral, possuem características em comum, diferentes das orquídeas e das margaridas, por exemplo. Se imaginássemos as flores como mulheres, poderíamos imaginar uma mulher "rosa", sexy, elegante, bonita, cheirosa, mas o homem que tentar dominá-la pode se machucar em seus "espinhos". E uma mulher "margarida"? Seria uma mulher agradável, não tão bonita, sexy, cheirosa e elegante como uma rosa, mas também teria seus encantos. Seria uma mulher mais simples. Poderiam até dizer que os homens gostam das rosas, mas se casam com as margaridas. E uma mulher "girassol"? Seria uma mulher do campo, trabalhadora de sol a sol, produzindo comida e energia para a sociedade.

Podemos afirmar, então, que existe, além da rosa particular, uma personalidade "rosa", uma personalidade "margarida" e assim por diante. Uma espécie de deusa rosa, deusa margarida. Da mesma forma, cada ser humano é único, mas Manu é a deidade predominantemente humana, o "deus" humano, progenitor da nossa espécie. O próprio termo "humano" ou "man", em inglês, deriva de Manu. Podemos discorrer da mesma forma sobre os sentimentos, como amor e ódio. Cada coisa possui uma deidade predominante, uma personalidade, e também uma residência em algum lugar do universo.

O universo possui diversas dimensões. Existem dimensões mais densas e outras menos densas. Quando falamos em personalidades, podemos também falar em notas musicais. Cada nota possui sua personalidade própria, mas, quando se combinam, formam os acordes, que são personalidades mais complexas. É comum quando invocamos determinado arquétipo, seja deus, orixá, astro etc., atribuirmos diversas características a eles. Temos cores, alimentos, minerais, animais, emoções, lugares, entre outras, que são atribuídas a cada arquétipo, portanto, determinada deidade pode ser predominante sobre vários aspectos. Ela pode representar um animal, uma emoção, uma cor, um alimento, uma flor, um mineral, um planeta etc. E cada uma dessas coisas particulares podem se representar mutuamente – uma cor pode evocar uma emoção e vice-versa, por exemplo. As personalidades são complexas, como grandes acordes.

Conhecendo isso a pessoa pode moldar sua própria personalidade. Um templo religioso evoca nas pessoas um sentimento de serenidade, introspecção e fé. Já um campo de batalha evoca sentimentos de agressividade, sobrevivência e conquista. Por sua vez, um bordel evoca sentimentos de luxúria, lascívia e permissividade. Uma pessoa que busca satisfazer seus prazeres sexuais não vai a uma igreja, assim como alguém que busca incrementar sua fé não vai a um bordel. O mesmo podemos dizer de alimentos, de comportamentos etc. Tudo tem personalidade e está atrelado a um arquétipo maior, uma personalidade mais complexa, um deus do universo material.

Essas personalidades das coisas e esses arquétipos maiores são seres de outras dimensões, superiores e menos densas. Nós, seres humanos, não podemos penetrar em uma parede ou uma rocha, mas conseguimos penetrar na água ou no ar, apesar de não conseguirmos enxergar o ar. Da mesma forma, não podemos enxergar criaturas e objetos de outras dimensões, mas eles podem penetrar na nossa dimensão.

Assim como nosso corpo físico está repleto de vírus e bactérias e outros corpúsculos minúsculos que não podem ser vistos, mas que cumprem funções dentro de nosso organismo, algumas benéficas e outras maléficas, nosso corpo astral também está repleto dessas criaturas sutis, igualmente benéficas e maléficas. A eterna batalha do bem contra o mal, dos anjos contra os diabos, dos deuses contra os demônios, do céu contra o inferno, descrita em todos os textos sagrados de todas as religiões.

Quando o sujeito é negligente no cuidado do seu corpo, tem atitudes e comportamentos degenerativos, naturalmente, o corpo desenvolverá organismos maléficos que produzirão doenças no corpo físico. Do mesmo jeito, podemos cultivar entidades que nos ajudarão a desenvolver sentimentos como amor, compaixão e bondade, ou criaturas que nos auxiliarão no cultivo da luxúria, da ganância e da ira. Na verdade, nós somos o campo da semeadura deles. O ser humano cultiva a terra para extrair dela os produtos de que necessita. Os microrganismos cultivam nossos corpos físicos para extrair deles os produtos de que necessitam. E as entidades sutis cultivam nossos corpos astrais, nossos sentimentos e emoções, pois se alimentam deles. Quando sentimos raiva produzimos alimento para as entidades desse tipo de arquétipo, que ficam fortalecidas. O mesmo acontece para todos os sentimentos e emoções. Nossa mente e coração são o campo da semeadura deles.

Dependendo do pH do solo, determinado tipo de cultura se desenvolve ali. O agricultor experiente faz a medição do pH do solo para saber qual tipo é propícia para ser semeada nele. Às vezes, é necessária a correção do pH do solo, colocando diferentes nutrientes, para que se possa plantar determinada cultura. Da mesma forma, um sujeito que come carne vermelha possui a flora intestinal diferente daquele que segue a dieta vegana. O nutriente colocado no "solo" do corpo é diferente e, por isso, diferentes culturas florescerão em diferentes intestinos. Por exemplo, duas pessoas entram em contato com uma terceira, que está gripada, e somente uma delas fica doente, pois somente ela está como o "solo" com pH propício para o desenvolvimento da doença.

Um corpo alcalino é um corpo em que as doenças não conseguem se manifestar. Alimentação industrializada, excesso de açúcar, sal, cigarro etc., deixam o corpo ácido e, consequentemente, um solo fértil para as doenças se manifestarem. Um dos primeiros sinais que o corpo dá quando está ácido é a produção de muco.

O corpo sutil funciona da mesma forma. As entidades sutis estão sempre por perto nos "semeando". Dependendo do "pH" do nosso corpo sutil, determinada cultura florescerá, fortalecendo uma determinada facção de arquétipo. Somos nós que determinamos quem será alimentado. Entendendo a personalidade das coisas, a pessoa pode tomar as rédeas da sua vida e direcioná-la para onde deseja. Tudo que consumimos contribui para isso – comida, música, vídeos, redes sociais, leitura, relacionamentos sociais, sexo etc. Tudo que consumimos é nutriente para o solo sutil. O que pensamos, falamos e fazemos também.

Conhecendo a personalidade das coisas podemos optar por consumir e fazer somente aquilo que está de acordo com a personalidade que desejamos desenvolver em nós mesmos. Algumas culturas demoram semanas para dar frutos, outras levam alguns meses e algumas demoram anos, mas todo trabalho rende frutos, sejam eles doces ou amargos.

2.7 AS DIMENSÕES

Se visto de longe o sistema solar parece um planeta, uma molécula, provavelmente, a galáxia repita o mesmo padrão. No final, o padrão é sempre o mesmo, do universo para a galáxia, da galáxia para o sistema solar, do sistema solar para os planetas, dos planetas para as personalidades vivendo em suas "bolhas" e dessas pessoas para as moléculas e os átomos. Assim são as diferentes dimensões que existem no universo. Uma está dentro da outra e não separadas. Por isso, alguns sábios eruditos dizem que os universos estão dentro do corpo de Maha Vishnu e os sistemas planetários estão dentro do corpo universal.

Os cientistas podem afirmar que não existe vida em outros planetas ou que não é possível haver vida no Sol ou no centro da galáxia, porém, o que não há é vida tal qual há neste planeta. Por tudo que foi exposto até agora, ficou claro que a característica intrínseca da matéria é a vibração. E a frequência de vibração funciona como um delimitador de dimensões. Nós, humanos, escutamos determinada faixa de frequência, de 20Hz até 20KHz, em um total de nove oitavas. Mas enxergamos ainda menos, apenas uma oitava do espectro da luz pode ser capturada pelos nossos olhos, e as sete cores do arco íris formam a escala dentro dessa oitava, assim como as sete notas musicais formam a escala sonora.

As vibrações existem muito além desses limites, nós é que estamos limitados pelos nossos corpos materiais, nossos instrumentos para as experiências sensoriais. Uma motocicleta é feita para andar sobre a terra, um aeroplano é feito para voar no ar e um barco foi concebido para navegar sobre a água. Não dá para andar com uma motocicleta no ar, com um aeroplano na água ou com um barco na terra. Do mesmo modo, estamos limitados por diferentes cascas corpóreas, como uma cebola, uma sobre a outra. Somos limitados pelo nosso corpo humano, pelo nosso planeta, pelo nosso sistema solar, pela nossa galáxia, pelo nosso universo.

Figura 16 – Flor de lótus e suas pétalas organizadas em diferentes camadas a partir do núcleo central

Fonte: fotografia de Juliengrondin. Disponível em: https://pt.dreamstime.com/fotografia-de-stock-royalty-free-flor-dos-l%C3%B3tus-image8341397. Acesso em: 16 jun. 2021

    Uma viagem à Lua, por mais incrível que pareça, não é uma viagem para fora da limitação da Terra. A Lua é o satélite da Terra. Ela está capturada pela gravidade terrestre, portanto, sob influência da Terra. Viajar para a Lua não é sair da influência da Terra. No dia em que conseguirmos viajar para Marte, por exemplo, aí poderemos dizer que o ser humano venceu o limite planetário.

    Portanto, em diferentes sistemas planetários, o padrão de vibração pode ser totalmente distinto, assim como a língua e os costumes mudam de uma cidade para outra. Ou seja, nossa limitação empírica pode nos impedir de reconhecer diferentes formas de vida que, por sua vez, vibram em frequências que estão em uma perspectiva de espaço-tempo muito além da nossa perspectiva e, por isso, podem ser imperceptíveis para nossos sentidos e instrumentos limitados.

2.8 OS SISTEMAS PLANETÁRIOS

Os sistemas planetários vão surgindo ao redor do núcleo central, como pétalas de uma flor de lótus. Ou como uma árvore, em que o tronco central é o sistema planetário de Brahma, as principais galáxias são os galhos principais da árvore, os sistemas solares são os galhos secundários e os planetas são os gravetos.

Os cientistas tentam explorar o universo viajando pelo espaço, tentando pular de um galho para outro da árvore, porém, essa não é a forma mais eficiente de se viajar pelo universo. Os galhos, em uma árvore, são o que conectam as folhas (indivíduos) à raiz da vida (Deus). No universo, o que nos conecta é o poder de atração, a gravidade, o campo eletromagnético. Estamos atraídos à Terra que, por sua vez, está atraída ao Sol, que está atraído ao Sol Central, e por aí vai. Todo corpo irradia energia e possui um magnetismo próprio que atrai tudo a sua volta. O eletromagnetismo está presente em tudo, o poder de atração e a irradiação. Dentro da sua escala de perspectiva, tudo é um sol e um buraco negro. Todo sol é um buraco negro e vice-versa.

Dentro da física, os buracos negros e os sóis são tratados de forma diferente, mas se analisarmos, o centro da galáxia é composto por bilhões de sóis, que chamamos de sol central, e também de um buraco negro. Este último, no centro da galáxia, nada mais é do que o vórtice do sol central, que é entendido pela física como bilhões de sóis. É tudo uma questão de perspectiva.

Nosso sistema solar também está atraído pelo nosso sol, pois ele também atua de maneira semelhante a um buraco negro. Os físicos usam diferentes conceitos para tratar do mesmo fenômeno em diferentes dimensões/escalas. É por isso que Albert Einstein previu que, no futuro, uma teoria seria capaz de conceituar todos os fenômenos da física em um único, que é a lei da atração e da repulsa. Podemos chamar de eletromagnetismo, gravidade, Big Bang, buraco negro etc., mas o fenômeno é um só.

Imaginemos que essa rede universal eletromagnética é como uma grande teia de aranha em constante movimento. Os pontos onde as linhas se cruzam são os astros. A aranha se desloca pela teia, movendo-se pelas linhas. Os cientistas estão tentando "pular" de um ponto para o outro da teia pelos espaços entre eles.

Figura 17 – Saturno, o "Senhor dos Anéis", e o "olho que tudo vê" em seu polo

Fonte: imagem extraída pela missão Cassini-Huygens, da Nasa, em 2016. Disponível em: https://images.nasa.gov/details-PIA20513. Acesso em: 16 jun. 2021

Se toda personalidade possui o poder de atração e de irradiação, se todos nós emanamos e atraímos, todo corpo pode viajar por essa teia. O ser humano possui uma cavidade em cada extremidade da coluna. Uma é a fissura no topo do crânio, onde fica o *chakra* superior, que nos conecta com os planos superiores. Outra é o ânus, onde fica o *chakra* inferior, que nos conecta com os planos inferiores. Todos os planetas possuem cavidades em seus polos. O padrão *torus* se repete.

No caso da Terra, essas cavidades estão cobertas por gelo. Uma viagem pela grade eletromagnética que conecta os diferentes corpos no universo é muito mais rápida do que tentar "saltar" de um "galho" para o outro pelo espaço que nos separa. Essas linhas da teia eletromagnética universal são os buracos de minhoca previstos recentemente por alguns físicos. Porém, talvez não seja possível fazer uma viagem dessas com o corpo grosseiro. Como um corpo, condicionado em um determinado padrão vibracional de frequência, conseguiria se deslocar e sobreviver em outro sistema com padrões totalmente diferentes? Seria possível alterar o padrão de frequência do nosso corpo físico? Uma viagem dessas só seria viável com o corpo astral? Ou, se nossos corpos são produtos da nossa intenção, ao elevarmos o padrão vibracional do nosso corpo astral poderíamos também alterar o padrão vibracional do nosso corpo físico e viajar com ele para outros sistemas planetários, outras dimensões?

As dimensões estão uma dentro da outra. Os sistemas menores estão dentro dos maiores. A perspectiva de espaço-tempo de um sistema para outro também é completamente diferente. Todo nosso sistema solar é como uma simples molécula dentro da galáxia. Ou seja, existem sistemas planetários que estão tão além da nossa perspectiva de espaço-tempo que mesmo que estivéssemos dentro deles só enxergaríamos espaços vazios, de tão grandes que seriam. O tempo seria tão lento que seríamos incapazes de perceber qualquer movimento. Da mesma maneira, é possível existir sistemas tão pequenos que não são nem percebidos por nós. E o tempo de uma vida dentro desses sistemas passaria mais rápido que um momento para nós.

Essas são barreiras intransponíveis para a ciência empírica. Só podem ser compreendidas pela inteligência e pela lógica. A ciência empírica não é capaz de responder a todas as perguntas. É impossível viajar fisicamente entre esses sistemas com foguetes da maneira como os cientistas estão tentando. Da mesma forma, o átomo é formado por 99,9999...% por espaço vazio, mas, mesmo assim, forma materiais bastante densos da nossa perspectiva (MENDES, 2011).

Os espíritas admitem que realizam contatos com seres que já viveram entre nós, mas que agora estão em outros planos dimensionais. O corpo sutil não morre, ele é a causa da existência material, somente o corpo grosseiro morre. No corpo sutil ainda não há a delimitação do espaço e a perspectiva de tempo funciona com a espacial. Corpos maiores se movem de forma mais lenta que os corpos menores. Sem a limitação espacial física, o tempo, por ser uma dimensão sutil, passa a ser totalmente adaptável, apesar de continuar existindo. Portanto, uma viagem astral entre diferentes dimensões é perfeitamente aceitável.

O corpo astral não está sujeito às limitações do corpo grosseiro, ele é totalmente adaptável, então o corpo astral pode se adaptar em qualquer dimensão. É o corpo físico que nos limita. Mas se o corpo físico é um produto das nossas intenções, então, até ele, corpo físico grosseiro, pode ser adaptado e transformado. Darwin entendeu essa lógica na sua Teoria da Evolução das Espécies (DARWIN, 2014).

PARTE III
A SOCIEDADE HUMANA É UMA SÓ

3.1 A FALÁCIA DA CIVILIZAÇÃO JUDAICO-CRISTÃ OCIDENTAL

Só existe uma religião. O que há são diferentes culturas. As diferentes religiões surgiram em épocas e lugares diferentes, como produto daquela cultura, mas, no fundo, as religiões têm muito mais semelhanças entre si do que diferenças, inclusive com a própria ciência. A Verdade não é contraditória, são os homens, encarnados na matéria, que disputam uns com os outros a posição de poder. Conhecimento é poder. As contradições só existem entre os homens que disputam entre si. Todos querem ser os donos da verdade e não percebem que as discussões que promovem são baseadas em detalhes insignificantes e que, no fundo, não há verdadeira contradição.

Não existe civilização judaico-cristã ocidental como um grupo coeso ou isolado dos demais. O que existe é uma única civilização humana composta por diferentes culturas delimitadas por um espaço geográfico e um tempo histórico. Dentro da própria suposta civilização judaico-cristã ocidental existem diferentes culturas. Por exemplo, um brasileiro pode se considerar branco e, de fato, ser branco e cristão, porém, para um norte-americano, esse brasileiro nunca será branco, ele sempre será um latino-americano, categoria muito mais próxima dos negros e muçulmanos do que dos brancos cristãos norte-americanos e europeus.

Em termos civilizatórios, os países latino-americanos também estão muito mais próximos dos países africanos e asiáticos do que dos países europeus, norte-americanos e Israel, eixo que compreende a civilização judaico-cristã ocidental. Aliás, o território que compreende o atual Estado de Israel há menos de um século era ocupado por palestinos muçulmanos. Além disso, os judeus contemporâneos de Jesus – e Ele próprio – eram semitas e arianos, etnia que hoje, em sua maioria, segue a religião muçulmana. A etnia caucasiana, que é a da maioria do povo judeu atualmente, tem origem europeia e não nos antigos judeus da Judeia romana (KOESTLER, 2005).

Temos, ainda, a Etiópia, um país africano de maioria étnica negra que segue o judaísmo e, ainda, os rastafáris na Jamaica, um país ocidental com parte da população que segue uma variação do judaísmo. Os rastafáris jamaicanos ou os judeus etíopes fazem parte da civilização judaico-cristã ocidental? A Etiópia e a Jamaica fazem parte dessa civilização? E os verdadeiros e atuais descendentes de Jesus e dos judeus antigos, em sua maioria muçulmanos atualmente, não fazem parte dessa civilização? Quer dizer que seus descendentes diretos e os territórios onde Jesus, os judeus e os cristãos primitivos viveram não fazem parte da civilização judaico-cristã ocidental? Se Jesus nascesse hoje, ele seria considerado ocidental? Provavelmente, Jesus não seria incluído na civilização judaico-cristã ocidental, até porque, na época, essa civilização era representada pelo Império Romano, de quem herdamos a República. Nem Jesus nem os judeus faziam parte da civilização ocidental que, na época, não era nem judia e tampouco cristã.

O único lugar no mundo que ainda fala a língua de Jesus, o aramaico, fica na Síria, local que foi recentemente bombardeado pela e em nome da civilização judaico-cristã ocidental. Os descendentes do Antigo Império Romano e do Sacro Império Romano-Germânico se apropriaram do judaísmo e do cristianismo e, agora, utilizam-se disso como instrumento de dominação e poder para justificar sua hegemonia sobre os demais povos quando, na verdade, na Antiguidade, o Império oprimia os judeus e cristãos primitivos, da mesma forma que, hoje, querem oprimir outras etnias e outras religiões que não a sua.

A ciência moderna surgiu das escolas de filosofia da Grécia Antiga que, por sua vez, tinham muita semelhança com a filosofia oriental. Questões existenciais e metafísicas eram estudadas com a literatura e a matemática. A filosofia é a ciência mestra da qual todas as outras ciências e religiões vieram. Ela nada mais é do que a busca pela Verdade, pelo conhecimento. Aquele que quer apresentar uma verdade pronta, incontestável, revelada, não é um filósofo, não busca o verdadeiro conhecimento. Esse tipo de pessoa busca, na verdade, atender sua própria vaidade e alcançar fama e prestígio. Fama também é poder.

Conhecimento, fama, força, beleza, fortuna e renúncia são as seis opulências divinas, seis formas de poder. Deus possui todos esses atributos ao máximo. Todo ser vivo possui também esses atributos em diferentes níveis. A vida material é uma vida egoísta, em que o ser vivo busca a realização da sua satisfação. Para se realizar é necessário potência. Todos buscam essas seis opulências como forma de realização e como instrumento de dominação sobre os demais.

O verdadeiro filósofo é o que busca a Verdade. É um questionador. A filosofia da Grécia Antiga se ramificou nas ciências matemáticas, como a astrologia, que, atualmente, desdobrou-se em astrofísica e astronomia; a alquimia, que, hoje, é coberta pelo ramo da química e da metalurgia; a música, a acústica e a geometria. Essas ciências só surgiram graças à inquietude dos filósofos em tentar entender a natureza e a origem das coisas.

Nos dias atuais vemos um esforço de determinados grupos político-ideológicos em tentar criminalizar a filosofia e as demais ciência humanas, porém, o que essas pessoas não entendem é que a própria tecnologia e as ciências exatas só podem florescer e se desenvolver em um ambiente em que as pessoas são motivadas a se questionar mais, em que as ciências humanas são valorizadas. A filosofia é a mãe de todas as ciências e religiões.

Portanto, tudo que define a civilização judaico-cristã ocidental é herança do Império Romano, tanto ciência quanto religião. Os romanos dominaram o mundo conhecido da época, apropriaram-se da religião cristã e dos sistemas político e filosófico dos gregos e os adaptaram para sua necessidade. Depois disso, todos os grandes impérios mundiais, passando pelo Sacro Império Romano-Germânico, o Império Britânico e, atualmente, o Império Estadunidense, erigiram-se sob as mesmas bases do Antigo Império Romano. O Sacro Império Romano-Germânico da Idade Média se apropriou dos símbolos e de todo o sistema romano, colocando-se como legítimo herdeiro do Antigo Império Romano.

Figura 18 – Da esquerda para direita, os símbolos do Império Romano, do 3º Reich Nazista e dos EUA

Fonte: ilustrações de Fedor Labyntsev e Cubart, e fotografia de Theo Gottwald. Disponíveis em: https://pt.dreamstime.com/s%C3%ADmbolo-da-%C3%A1guia-romana-do-imp%C3%A9rio-romano-na-imagem-apresentada-o-image144388790; https://pt.dreamstime.com/foto-de-stock-s%C3%ADmbolo-do-terceiro-reich-image61676166; https://pt.dreamstime.com/ilustra%C3%A7%C3%A3o-do-grande-selo-dos-estados-unidos-da-am%C3%A9rica-s%C3%ADmbolos-coloridos-isolados-fundo-image162209692. Acesso em: 18 jun. 2021

3.2 ORIGENS CLÁSSICAS

Na filosofia clássica grega, ciência e religião não estavam separadas. De acordo com a geometria, por exemplo, existem apenas cinco poliedros regulares. Um poliedro regular é quando todas as suas faces são polígonos regulares, isto é, com lados e ângulos iguais, e quando, para todo ângulo, convergirem o mesmo número de arestas. Os filósofos antigos descobriram a associação desses poliedros com os cinco elementos materiais. Esses poliedros passaram a ser conhecidos como sólidos platônicos, pois a concepção de como esses sólidos são elementos básicos da construção do universo foi abordada em sua obra *Timeu* (PLATÃO, 2012).

Figura 19 – Sólidos platônicos

Fonte: ilustração de Peter H. Furian. Disponível em: https://pt.dreamstime.com/madeiras-diferentes-das-pe%C3%A7as-de-madeira-plat%C3%B4nicos-dos-s%C3%B3lidos-image128282427. Acesso em 18 jun. 2021

O sólido platônico que representa o espaço é o dodecaedro. É o único sólido platônico com faces pentagonais. Todo pentágono possui um pentagrama e vice-versa. Metafisicamente falando, o pentágono representa a janela para as diferentes dimensões e o pentagrama é o caminho, a conexão. Geometricamente falando, de forma conceitual, é assim que se viaja dentro do universo entre as diferentes dimensões.

Figura 20 – Representação do pentagrama e pentágono circunscritos infinitamente[10]

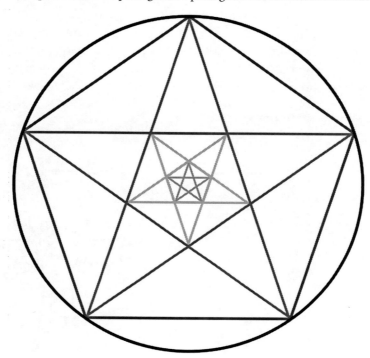

Fonte: ilustração de AlexanderZam. Disponível em: https://pt.dreamstime.com/ilustra%-C3%A7%C3%A3o-stock-pentagram-image41638343. Acesso em: 18 jun. 2021

    Os três elementos seguintes são representados por poliedros que contêm faces triangulares, todos eles menos densos. O ar é representado pelo octaedro, que não por acaso parece um balão de papel que flutua no ar. O octaedro possui um formato que indica que o ar preenche todas as direções – para cima, para baixo e também para os lados. É o teto (céu) acima de nós e também aquilo que nos sustenta e nos dá suporte, como um palco. O fogo é o mais rápido, por isso é representado pelo tetraedro, o sólido platônico com menos faces e arestas, portanto, que a energia leva menos tempo para percorrer. Aonde quer que você toque o fogo, ele te queima, assim como o tetraedro possui uma ponta afiada em qualquer direção que o toque, pois seus ângulos são os mais agudos. Já a água é representada pelo icosaedro, formado por vinte triângulos. Ele possui um formato arredondado, mais fluído, como uma gota d'água.

---

[10] O pentagrama é comumente visto como um símbolo de bruxaria utilizado para a abertura de portais para o submundo. Repare como o pentagrama e o pentágono são complementos geométricos um do outro, infinitamente.

Por fim, o único elemento representado por um poliedro de faces quadradas é a terra, o elemento mais denso. Vivemos todos na nossa caixinha. O cubo é o que nos limita fisicamente. Uma cruz é um cubo representado em duas dimensões. Um cubo aberto, desmontado. A cruz, que é um símbolo mais antigo que o cristianismo, liberta o ser aprisionado na matéria, como uma chave que abre a "caixa".

Figura 21 – Cubo aberto e a antiga cruz egípcia

Fonte: ilustrações de Peter H. Furian e Anatolii Riabokon. Disponíveis em: https://pt.dreamstime.com/ilustra%C3%A7%C3%A3o-stock-figuras-de-s%C3%B3lidos-plat-nicos-redes-image43681098; https://pt.dreamstime.com/%C3%ADcone-da-cruz-do-tornozelo-egito-estilo-contorno-de-vetor-cruzado-egypt-ankh-para-design-web-isolado-em-fundo-branco-image168905194. Acesso em: 18 jun. 2021

A Grécia Antiga conquistou a Pérsia e chegou até a Índia. Eles tiveram acesso a toda filosofia oriental. Alexandre, o Grande, era um filósofo, que construiu a Grande Biblioteca de Alexandria com conhecimento armazenado de suas conquistas por todo o mundo. As conquistas aliadas à busca pelo conhecimento contribuíram para o florescimento da filosofia clássica grega, alicerce de toda ciência ocidental.

Eles estudavam a música, a acústica e a física, pois, assim, podiam compreender a expansão da manifestação. Também estudavam a astrologia e atribuíam arquétipos aos astros, da mesma forma que a astrologia védica oriental fazia.

Com o surgimento do Império Romano foi a vez de eles se apropriarem do conhecimento grego; não apenas da filosofia grega, mas também do cristianismo que havia surgido na região da Judeia e se espalhado pelo Império. Assim, ciência e religião modernas surgiram. O início da civilização judaico-cristã ocidental. A Igreja Católica se tornou um importante instrumento de poder e dominação e a busca pelo conhecimento não era mais incentivada, pelo contrário, era combatida. Aqueles que ousavam estudar a natureza das coisas eram taxados de bruxos, de adoradores do diabo, entre outras coisas. Eram perseguidos e executados. Sociedades secretas surgiram para guardar o conhecimento científico antigo. Durante o Renascimento, esse conhecimento foi sendo pouco a pouco revelado e tivemos o florescimento da ciência moderna e da própria modernidade, e as consecutivas revoluções tecnológicas.

A civilização judaico-cristã ocidental nada mais é do que herança do Império Romano que, por sua vez, apropriou-se da religião e da filosofia de outros povos. Essa religião e filosofia apropriadas também foram frutos dos sincretismos produzidos por outros povos. A Verdade Absoluta é uma só. São os homens que se utilizam da fé das pessoas em Deus e transformam a religião em um instrumento de dominação e poder.

3.3 ORIGENS DA ATUAL ELITE MUNDIAL

Podemos rastrear todas as atuais famílias reais e herdeiros de toda realeza mundial às origens do Sacro Império Romano-Germânico. Comecemos pelo Brasil, os atuais ditos herdeiros do trono real brasileiro, que foi abolido com a Proclamação da República em 15 de novembro de 1889, são descendentes das casas reais de Orleans (França) e Bragança (Portugal).

Toda América foi colonizada, inicialmente, por Portugal e Espanha e, em seguida, França, Holanda e Inglaterra. Portugal, por sua vez, surgiu na época da reconquista da Península Ibérica pelos cristãos contra os mouros muçulmanos. O Condado de Portucale foi cedido a Henrique de Borgonha, nobre francês, para que lutasse contra os muçulmanos, no século XI. Vale destacar que na época não existiam os Estados Nacionais como existem hoje. Era época do feudalismo e a região era dividida em reinos feudais, porém, foi nessa época que as atuais divisões regionais da Europa começaram a surgir.

Para assegurar a lealdade e a aliança com o novo reino que surgia, o Rei Afonso VI de Leão, atual região da Espanha, casou sua filha Teresa com o nobre francês, e assim nascia Portugal, da união da nobreza cristã da Espanha e da França contra os muçulmanos. A casa real de Bragança, do Brasil, é originada na casa real de Borgonha, portanto, toda nobreza brasileira descende da francesa, Orleans e Borgonha. A casa de Bragança só surgiu para dar uma identidade nacional portuguesa à família real, diferenciando-a da casa de Borgonha, da França.

Já a Espanha, atualmente, é reinada por Felipe VI, que é descendente dos Bourbon, família real também de origem franca. Os Bourbon são a casa originária dos Orleans e governaram vários países no mundo, como reinos da França, Itália e Portugal.

Assim, é evidente que as realezas brasileira, portuguesa e espanhola originaram-se da realeza medieval franca. Verifiquemos agora as realezas britânica e holandesa, que também colonizaram a América. A Holanda pertencia ao Reino da Espanha na época das grandes navegações e do "descobrimento" da América, e se tornou independente no século XVII, originando o reinado da casa Orange-Nassau na região, que se estende até hoje, com o atual monarca, o Rei Guilherme Alexandre. A origem dessa casa real é alemã e também são monarcas de Luxemburgo.

O INÍCIO DA ERA DOURADA NA CIÊNCIA E NA RELIGIÃO

Figura 22a – Os brasões das famílias reais[11]

1 – Orleans e Bragança   2 – Orleans   3 – Borgonha

4 – Bourbon   5 – Orange-Nassau   6 – Nassau-Weilburg

7 – Nassau   8 – Grimaldi   9 – Bernadotte

[11] Observe como o brasão original dos Bourbon está presente nas demais casas reais, inclusive na casa real brasileira de Orleans e Bragança. O mesmo ocorre com os Nassau, presentes nos brasões reais da Holanda e Luxemburgo.

Figura 22b – Brasões das famílias reais – continuação

Fontes: disponíveis em: https://pt.wikipedia.org/. Acesso em: 19 jun. 2021. Cada imagem está disponível em: 1 – Por Tonyjeff, baseado em Jean-Baptiste Debret – século XIX. Domínio público, https://commons.wikimedia.org/w/index.php?curid=2420050. 2 – Por Sodacan, CC BY-SA 3.0, https://commons.wikimedia.org/w/index.php?curid=9863122. 3 – Por Meuble héraldique Fleur de lys.svg (de Yorick), CC BY-SA 3.0, https://commons.wikimedia.org/w/index.php?curid=2753056. 4 – Grand Royal Coat of Arms of France, por Sodacan, CC BY-SA 3.0, https://commons.wikimedia.org/w/index.php?curid=9745312. 5 – Por Sodacan, baseada em pintura de 1907, de Johannes Evert van Leeuwen (1855-1931), CC BY-SA 3.0, https://commons.wikimedia.org/w/index.php?curid=28413310. 6 – Por Jimmy44, CC BY 3.0, https://commons.wikimedia.org/w/index.php?curid=4022927. 7 – Por Ralf Hartemink via OwenBlacker, Arms Nassau, retirado de http://www.ngw.nl/rykswap.htm, CC BY 3.0, https://commons.wikimedia.org/w/index.php?curid=2459069. 8 – Por Denelson83, CC BY-SA 3.0, https://commons.wikimedia.org/w/index.php?curid=5395883. 9 – Por Spedona, baseada em Blason de Bernadotte 1818-1826, CC BY-SA 3.0, https://commons.wikimedia.org/w/index.php?-curid=27062699. 10 – Por Sodacan, baseada na obra disponível em: yeomenoftheguard.com. Domínio público, https://commons.wikimedia.org/w/index.php?curid=8861333. 11 – Por Glasshouse, utilizando elementos de Sodacan, Trondivers and katepanomegas, CC BY-SA 4.0, https://commons.wikimedia.org/w/index.php?curid=65618515. 12 – Por Ramos, baseada em: Coat of arms of Liechtenstein, CC BY-SA 3.0, https://commons.wikimedia.org/w/index.php?curid=30626967. 13 – Por Odejea, CC BY-SA 3.0, https://commons.wikimedia.org/w/index.php?curid=4248134. 14 – Por Jacques63, CC BY-SA 4.0, https://commons.wikimedia.org/w/index.php?curid=41662285. 15 – Por Hugo Gerhard Ströhl: Wappenrolle Österreich-Ungarns. Erste Auflage, Wien 1890, Tafel II., Domínio público, https://commons.wikimedia.org/w/index.php?curid=13298586. 16 – Por Hugo Gerard Ströhl – http://www.hot.ee/wappenrolle/. Domínio público, https://commons.wikimedia.org/w/index.php?curid=1471486. 17 – Por Ptutjohn, CC BY-SA 3.0, https://commons.wikimedia.org/w/index.php?curid=30362269[12]

---

[12] Destaque para o escudo saxão e para a águia representante do Império, presente nos brasões das principais casas reais europeias. Podemos perceber também que, assim como ocorre nas bandeiras do Brasil e da França monárquicos, em que as cores da casa real regente foram reproduzidas, o mesmo ocorre com as bandeiras do Reino Unido, azul e vermelho presentes no brasão daquela casa real; da Itália, com o branco, vermelho e verde presentes no brasão da casa real de Mônaco; da Alemanha, com o preto, vermelho e amarelo originários da bandeira do Sacro Império Romano-Germânico e das principais casas reais daquela região. Até mesmo a Suécia adotou em sua bandeira as cores da dinastia Bourbon. A França adotou as cores atuais da sua bandeira somente no período da Revolução Francesa. Antes disso, sua bandeira também adotava as cores dos Bourbons. As duas cabeças da águia do Sacro Império Romano-Germânico simbolizam a união do Ocidente e do Oriente. Ao tornar-se um estado independente, naturalmente, a águia não poderia mais ser representada com duas cabeças por não se tratar mais de um grande Império, sendo retratada pelas dinastias com apenas uma cabeça. Observe também o escudo dos Oldemburgo presente no brasão da dinastia Eslésvico-Holsácia-Sonderburgo-Glocksburgo, bem como o cavaleiro branco sobre o fundo vermelho, presente também em várias outras casas reais. O brasão dos Habsburgos também está representado na casa de Windsor. Rastreando todas as casas reais, chegamos a pouquíssimas famílias originárias da época do Sacro Império Romano-Germânico.

Figura 23 – Bandeiras nacionais

1 – Brasil Império   3 – Bandeira do Brasil atual

2 – Sacro Império Romano-Germânico   4 – Bandeira atual da Alemanha

Fontes: 1 – Ilustração de Chevolek. Disponível em: https://pt.dreamstime.com/imp%-C3%A9rio-da-bandeira-de-brasil-image113334593. Acesso em 18 jun. 2021. 2 – Ilustração de N3MO, CC BY-SA 3.0, https://commons.wikimedia.org/w/index.php?curid=2294035. Disponível em: https://pt.wikipedia.org/wiki/Sacro_Imp%C3%A9rio_Romano_Germ%-C3%A2nico. Acesso em 18 jun. 2021. 3 – Ilustração de Loop Flag. Disponível em: https://pt.dreamstime.com/bandeira-de-brasil-com-textura-ondula%C3%A7%C3%A3o-da-tela--o-texturenflag-que-funde-no-vento-altamente-detalhada-defini%C3%A7%C3%A3o-k--image154414420. Acesso em 19 jun. 2021. 4 – Ilustração de Birgit Shmidt. Disponível em: https://pt.dreamstime.com/ilustra%C3%A7%C3%A3o-da-bandeira-de-alemanha--image131442428. Acesso em: 19 jun. 2021

Já a Inglaterra é regida pela mais famosa rainha da atualidade, a Rainha Elizabeth II (Isabel II), da casa de Windsor. Acontece que a casa de Windsor surgiu devido ao sentimento antialemão causado durante a Primeira Guerra Mundial, pois a casa originária é a casa real Saxe-Coburgo-Gota, da Saxônia, outra região alemã. Essa família real também rege a Bélgica e considera-se herdeira do trono abolido da Bulgária, que atualmente é uma

República Parlamentarista. Não por acaso, os ingleses são anglo-saxões, pois a ilha, Britânia, foi invadida pelos saxões durante a queda do Império Romano. A casa real de Saxe-Coburgo-Gota tem origem na casa de Wettin, que também governou as regiões da Germânia, Polônia, Lituânia e Letônia.

Ainda na Europa nós temos monarcas em Mônaco, Liechtenstein, Noruega, Suécia e Dinamarca, porém, em todos os outros países da Europa, mesmo aqueles que adotaram a República e aboliram a Monarquia, existem famílias que se consideram herdeiras do trono e essas famílias podem ser rastreadas a poucas casas reais originais.

Mônaco é regida pela casa de Grimaldi, de origem genovesa. Liechtenstein é regido pela casa de mesmo nome, que teve origem com a dissolução do Sacro Império Romano-Germânico, quando a região se tornou autônoma, em 1806. O brasão da casa de Liechtenstein possui a águia símbolo do Império, bem como o escudo de Wettin.

A casa real Eslésvico-Holsácia-Sonderburgo-Glocksburgo, originária do norte da Alemanha, é a atual regente da Dinamarca e da Noruega, também se considerando herdeira dos extintos tronos da Grécia e da Islândia. É a casa do Príncipe Filipe, Duque de Edimburgo e falecido esposo da Rainha da Inglaterra. Membros da família dele, bem como membros da família da rainha, chegaram a ser aliados dos nazistas na época do III Reich devido ao natural alinhamento à cultura alemã, especialmente à supremacia alemã. Obviamente, com o desenrolar dos fatos e os horrores do nazismo, a nobreza procurou se distanciar do movimento nazista. O escudo da dinastia Oldemburgo, também de origem Saxã, está representada no brasão dessa família real.

Já na Suécia nós temos o reinado da casa Bernadotte, que foi criada com a nomeação do Rei João Batista Bernadotte, que era um Marechal Francês. Foi nomeado rei da Suécia para agradar a Napoleão Bonaparte, no início do século XIX, e de lá para cá seus herdeiros permaneceram regendo o país.

3.4 QUEDA DO IMPÉRIO ROMANO E ADVENTO DO SACRO IMPÉRIO ROMANO-GERMÂNICO

As três principais casas reais francesas citadas, a saber, Orleans, Borgonha e Bourbon, têm origem em uma mesma casa real, a casa Capetiana, que surgiu com a coroação de Hugo Capeto como rei da França em 987. Ele próprio era descendente da dinastia Carolíngia, que inicia o Sacro Império Romano-Germânico.

Figura 24 – Carlos Magno com a coroa do Sacro Império Romano-Germânico e os símbolos das realezas germânica e franca

Fonte: obra do renascentista alemão Albrecht Dürer, 1512. Disponível em: https://pt.wikipedia.org/wiki/Carlos_Magno. Acesso em: 19 jun. 2021

Acontece que quando os "bárbaros" do norte invadiram e tomaram o Império Romano, eles passaram a controlar e a administrar o território, mas o coração e a alma do povo pertenciam à Igreja. O poder dos reis feudais não era soberano e pouco a pouco todos eles se submeteram ao Vaticano.

Os sálios eram uma tribo pagã que vivia ao norte do Império Romano, na região costeira acima do Rio Reno, na porção norte do que é hoje a Holanda. Eram considerados povos germânicos guerreiros e também atuavam como piratas. Foram os primeiros a invadir o Império Romano, conquistando a Gália. Durante um período, após pacificadas as revoltas, foi permitido pelo Império Romano que eles vivessem dentro das fronteiras romanas.

Na verdade, o Império já estava perdendo o controle da região e a anistia nada mais foi do que uma forma de pacificar a Gália, permitindo que os francos a administrassem. Foi Meroveu, que significa "glorioso em batalha", quem deu início à dinastia Merovíngia e à França como uma identidade nacional. A partir daí, no século V, passaram a ser denominados francos e lutaram na defesa do Império Romano contra os hunos, comandados por Átila, em 451, culminando na última vitória do Império Romano contra as invasões.

Reza a lenda que Meroveu era filho de um Quinotauro, uma criatura mística marítima que podia mudar de forma, que se encontrou com a esposa do rei Clódio dos francos e gerou nela um filho. Os merovíngios também afirmavam serem descendentes dos troianos. Posteriormente, no livro *O Santo Graal e a linhagem sagrada*, publicado inicialmente em 1982, os autores disseram que a lenda do Quinotauro era uma referência ao fato de Meroveu ser descendente direto de Jesus Cristo, pois o peixe era um símbolo dos antigos cristãos (BAIGENT; LEIGH; LINCONL, 2015).

Essa teoria também é corroborada pelo fato de os merovíngios serem considerados descendentes dos troianos, fato não comprovado, pois há também a teoria de que Maria Madalena teria se refugiado em Éfeso e, ainda, outra teoria, na qual ela teria fugido à região onde hoje é a França, após a ressurreição de Cristo. Ora, acontece que Éfeso fica perto de onde era a antiga cidade de Troia, na costa oeste da Turquia. Muito provavelmente, os descendentes dos antigos troianos viviam pela região. E, realmente, há muitos templos à Virgem e à Santa na França.

Obviamente, tudo isso não passa de teorias. As narrativas foram sendo criadas para legitimar certos regimes. Não estamos aqui negando ou afirmando que determinada teoria é ou não verdadeira. Simplesmente estamos apresentando os fatos para apreciação do leitor, para que cada um possa formar seu próprio juízo. Porém, o fato é que todas essas teorias surgiram muito tempo depois da história ocorrida, corroborando a tese aqui apresentada de que nada mais é que apropriação e ressignificação da história antiga para legitimação do regime atual. Uma forma de se legitimar a divindade da monarquia europeia.

Figura 25 – A região da Judeia à direita, França à esquerda e a Turquia ao centro, com uma rota destacada entre Éfeso e Çanakkale, que abrange a região onde era a antiga cidade de Troia

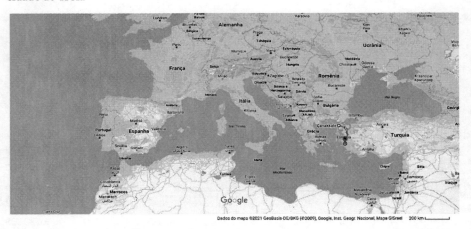

Fonte: mapa extraído do Google Maps. Disponível em: https://www.google.com.br/. Acesso em: 19 jun. 2021

Foi o neto de Meroveu, Clóvis I, quem iniciou a expansão franca contra os romanos, conquistando inicialmente a Gália, dando início ao que hoje conhecemos como França. A expansão dos merovíngios alcançou toda a região que hoje compreende a França, o norte da Itália e toda região central da Europa, passando pela Croácia, Eslovênia, Áustria, Chéquia e Alemanha, tudo a partir da região onde hoje estão a Holanda e a Bélgica. Clóvis foi o primeiro a se converter ao cristianismo, ao perceber o poder que a Igreja exerce pela região e, pouco a pouco, os povos "bárbaros" foram se cristianizando.

Carlos Magno foi o primeiro dos reis francos, a principal potência europeia da época, a receber o título de Imperador Augusto, do Papa, em 800, iniciando o que ficou conhecido posteriormente como Sacro Império Romano-Germânico. Assim, a partir de 800, a Igreja e o Império oficializaram, novamente, sua união, que havia sido dissolvida com a queda do Império Romano. A Igreja agora tinha um novo Império para chamar de seu e o Imperador Augusto tinha a Igreja para consagrar sua autoridade perante Deus e os homens. Nascia, assim, a dinastia Carolíngia e o Sacro Império Romano-Germânico, lembrando que esse termo só foi utilizado posteriormente, para legitimar a autoridade das casas reais germânicas sobre a Europa.

Figura 26 – Expansão dos francos entre séculos V e IX[13]

Fonte: Rafaela Radha, 2021. Ilustração feita sobre mapa gerado no aplicativo Google Maps. Disponível em: https://www.google.com.br/. Acesso em 20 jun. 2021

Os francos reinaram como Imperador Augusto até o final do século IX, quando reis italianos passaram a questionar a legitimidade dos Carolíngios e uma série de revoltas se iniciou, até que, em 962, o rei germânico Otão

---

[13] Destaque para os territórios da Borgonha ao sul e Saxônia ao norte, de onde surgiram duas das principais casas reais da atualidade.

I foi coroado pelo Papa como novo o Imperador Augusto. Alguns historiadores consideram que o Sacro Império Romano-Germânico começou com a coroação de Otão I, no século X; outros consideram que o início foi com Carlos Magno, ainda no século VIII. O fato é que quando Otão I foi coroado, o Império já não mais abrangia a França, que continuou sendo regida pelos carolíngios.

Figura 27 – Extensão máxima do Sacro Império Romano-Germânico entre os séculos XII e XIII

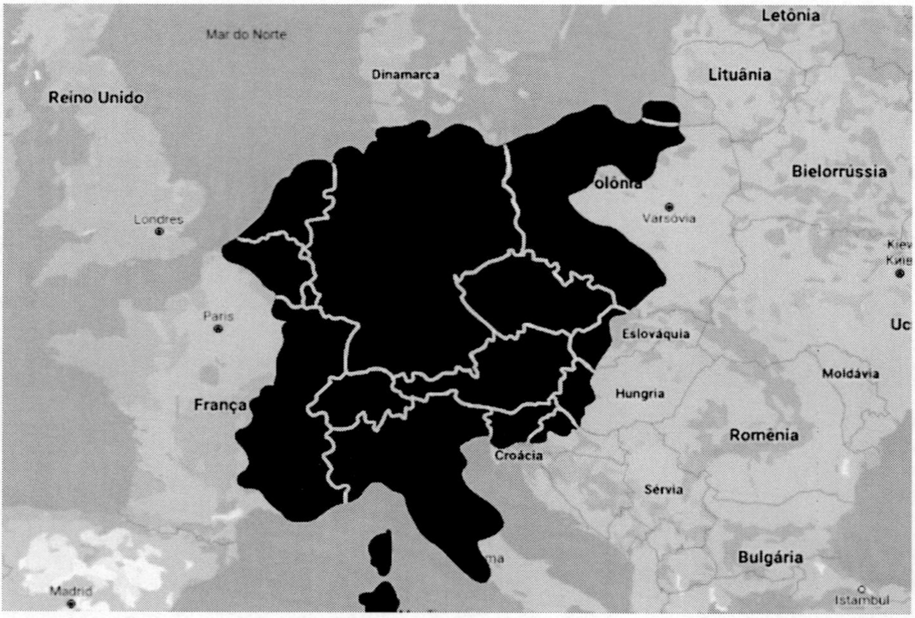

Fonte: Rafaela Radha, 2021. Ilustração feita sobre mapa gerado no aplicativo Google Maps. Disponível em: https://www.google.com.br/. Acesso em 20 jun. 2021

Somente a partir de Otão II, coroado em 973, é que se passou a utilizar o título de Imperador Romano, criando-se uma continuidade da legitimidade do Imperador e da Igreja desde o Império Romano. O termo Sacro Império Romano surgiu somente no século XIII. Já o termo Sacro Império Romano-Germânico apenas no século XVI, na época do Renascimento. Foi a partir daí que uma identidade germânica passou a ser atribuída ao Império. O Sacro Império Romano-Germânico terminou após ser derrotado por Napoleão Bonaparte, da França, no século XIX.

O INÍCIO DA ERA DOURADA NA CIÊNCIA E NA RELIGIÃO

Portanto, todas as casas reais da atualidade têm origem no Sacro Império Romano-Germânico, que nada mais é do que uma aliança entre as elites políticas e a Igreja. As casas reais de origem francesa têm todas elas origem na dinastia carolíngia. As demais casas reais têm origem no Sacro Império Romano-Germânico após cisão com a França. A casa Grimaldi, de Mônaco, por exemplo, é de origem genovesa, do século XII, da época em que a região pertencia ao Império. A casa Eslésvico-Holsácia-Sonderburgo-Glocksburgo teve origem na casa de Oldemburgo, assim como a dinastia Romanov, do Império da Rússia. Oldemburgo é uma cidade no noroeste da Alemanha, próxima à cidade de Bremen, antiga região da Saxônia. Essa dinastia governou a Dinamarca, a Noruega, a Suécia, a Rússia e a Grécia.

Já citamos aqui também a casa de Nassau, cuja origem remonta no castelo de mesmo nome, na região oeste da Alemanha, entre as cidades de Bonn e Frankfurt, próximo às fronteiras com Holanda, Bélgica, Luxemburgo e França; a casa de Wettin, também de origem saxônica, que deu origem a inúmeras outras casas reais do mundo todo, inclusive Portugal, Brasil e Inglaterra, tem origem na região centro-leste da Alemanha; a capital da região é a cidade de Magdeburgo, entre Berlim e Hanover, próximo à Polônia e à Chéquia.

Outra importante casa real que remonta ao século XI é a Habsburgo, de origem suíça. Foram imperadores do Sacro Império Romano-Germânico a partir do século XV até o final e deram origem a inúmeras outras casas, incluindo regentes da Áustria, da Hungria, da Espanha e de Portugal. Vemos seu escudo representado no Brasão da casa de Windsor, da Rainha Elizabeth II, do Reino Unido.

3.5 AS CRUZADAS

Enquanto a Europa enterrava o Império Romano e os novos senhores feudais surgiam, iniciando o que hoje conhecemos como os atuais Estados Europeus, a influência do islã crescia no Oriente Médio e norte da África e o califado muçulmano também invadiu o que outrora fora o Império Romano.

No século VIII, os mouros, vindos de Ceuta, no norte da África, invadiram a Península Ibérica por Gibraltar e conquistaram importantes cidades, como Córdoba, Sevilha e Granada, no sul da Espanha. Foram apoiados pelos judeus que viviam na região e eram perseguidos pelos cristãos governantes, inclusive com batismos forçados. Os muçulmanos eram mais tolerantes à diversidade religiosa na época. A região era governada pelos visigodos.

Os godos eram uma tribo de origem na região onde hoje é a Polônia, a Ucrânia e a Bielorrússia e conquistaram o Império Romano. Eram divididos em ostrogodos e visigodos. Os visigodos conquistaram a Gália e a Península Ibérica e os ostrogodos conquistaram a Península Itálica e a Panónia, uma província romana onde hoje é a Hungria e territórios de países adjacentes. Os ostrogodos foram derrotados pelo Império Bizantino, no século VI, e os visigodos pelos mouros muçulmanos, no século VIII. O termo gótico vem de godo. São um povo de origem nórdica. A maior ilha da Suécia chama-se Gotland, literalmente, terra dos godos (JORDANES, 2019).

Figura 28 – Mapa com destaque para a Ilha de Gotland, pertencente à Suécia[14]

Fonte: mapa extraído do aplicativo Google Maps. Disponível em: https://www.google.com.br/. Acesso em: 23 jun. 2021

O Império Bizantino, por sua vez, também foi sendo derrotado pelo Império Sejúlcida, vindo do Oriente. Os muçulmanos conquistaram do Oriente Médio até a Turquia, chegando aos portões de Constantinopla, atual Istambul, capital dos bizantinos.

---

[14] Os godos atravessaram o mar Báltico e se estabeleceram na região da Polônia e no leste europeu, e depois invadiram o Império Romano.

Figura 29 – Expansão muçulmana durante a Idade Média, entre os séculos VII e XI

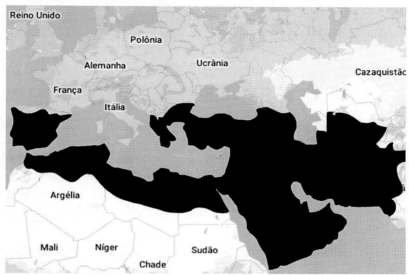

Fonte: Rafaela Radha, 2021. Ilustração feita sobre mapa gerado no aplicativo Google Maps. Disponível em: https://www.google.com.br/. Acesso em 21 jun. 2021

Sendo assim, os cristãos ortodoxos do leste solicitaram apoio aos nobres europeus do oeste para expulsar os muçulmanos, iniciando-se um longo período de batalhas. Peregrinos cristãos vendiam todas as suas posses na Europa, especialmente para a Igreja, para se juntarem às fileiras contra os muçulmanos. O objetivo deles era retomar a Terra Santa e, obviamente, lucrar com os espólios da guerra. A ideia de uma Guerra Santa contra o Islão já estava crescendo na Europa desde o século VIII, com as sucessivas batalhas contra os muçulmanos na Península Ibérica. De fato, os cristãos europeus estavam sendo invadidos pelos muçulmanos vindos do sul, os vikings vindos do norte e os magiares vindos do leste. Isso só reforçou a identidade cristã europeia e, apesar de estarem divididos em feudos que disputavam entre si, a ideia de uma unidade europeia cristã reforçou a autoridade da Igreja.

Então, a autoridade papal passou a ser a autoridade maior, acima de toda a nobreza europeia. Todos os nobres forneceram exércitos para a Guerra Santa contra os "hereges", que eram todos aqueles que não profetizavam a fé cristã. Muitos voluntários aderiram a esses exércitos, vendendo todas as suas posses para custear a empreitada rumo à Terra Santa. E, assim, nasciam as Cruzadas.

O termo Cruzada só passou a ser utilizado no século XIII. Na época, os cruzados referiam-se a si mesmos como peregrinos. Adotaram São Jorge da Capadócia como padroeiro, por ser um exemplo de cavaleiro cristão, e a cruz vermelha sobre fundo branco como escudo.

A guerra havia se tornado o meio de vida dos senhores feudais europeus. Eles lutavam entre si por influência política, controle de recursos, saques etc. Além disso, o temor da guerra mantinha a população sob controle da nobreza, pois dependia da proteção da cavalaria. A população produzia as riquezas e pagava tributos à nobreza em troca de proteção, bem como fornecia os jovens para a infantaria. O nome infantaria sugere que a corporação era formada por jovens, infantes, que eram enviados na frente, correndo os maiores riscos e sofrendo as maiores baixas, enquanto a nobreza ia à guerra sobre cavalos e fortemente armada e protegida com armaduras, com táticas de bater e correr, sofrendo menos baixas e atacando somente em momentos propícios.

Com as Cruzadas, a nobreza europeia tinha em frente uma grande oportunidade. Ao invés de lutarem entre si, poderiam unir forças contra um inimigo muito mais poderoso e também muito mais rico e, ainda, conquistar novos territórios e riquezas. Ao unirem-se sob o manto papal, a unidade feudal deixou de existir nos exércitos cruzados. Não por acaso, nesse período surgem as ordens de cavalaria, que serviam para manter uma unidade entre os diferentes grupos cruzados. Não há mais uma referência àquele ou este senhor feudal, mas àquela ou esta ordem de cavalaria. Os nobres continuavam a administrar um exército e riquezas, mesmo em campanha, fora de um feudo. E o cidadão comum tinha a oportunidade de fazer parte de algo nobre, sagrado, ao se filiar a uma ordem de cavalaria.

Os membros faziam voto de pobreza, entre outros. O objetivo dessas ordens era proteger o caminho até a Terra Santa. De fato, tornaram-se muito poderosas com as riquezas acumuladas após diversas batalhas e conquistas. Elas ressignificaram a cavalaria, uma instituição da nobreza feudal, que se tornou uma instituição sagrada, uma irmandade.

3.6 OS TEMPLÁRIOS E O RENASCIMENTO

Mesmo após perderem Jerusalém para o Sultão Saladino em 1187, os cavaleiros templários se estabeleceram como importante instituição econômico-militar na Europa. Eles ergueram muitos fortes, conseguindo expulsar os muçulmanos, especialmente na Península Ibérica e no caminho entre a Europa e Jerusalém. Estabeleceram, também, o embrião de um sistema bancário.

Uma vez que acumularam muitas riquezas em suas campanhas, além de serem isentos de pagamentos de dízimos e outros tributos, devido à sua contribuição para a conquista e a proteção de terras cristãs, também receberem muitas doações, e isso lhes permitia realizarem empréstimos à nobreza para financiarem seus exércitos. Após a derrota dos Cruzados para o Sultanato, somado ao fato de seu crescente poder financeiro e militar gerar desconfiança junto à nobreza, foram declarados ilegais pelo Papa no século XIV.

Figura 30 – Os emblemas das diferentes ordens de cavalaria e as atuais bandeiras de nações europeias[15]

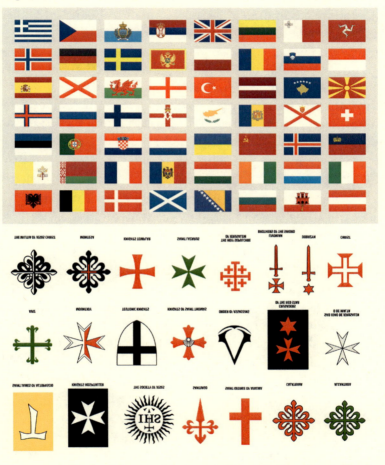

Fonte: ilustrações de Buch e Montree Meejaroen. Disponível em: https://pt.dreamstime.com/ordens-de-cavalaria-her%C3%A1ldica-cavaleiros-medievais-cria%C3%A7%C3%A3o-do-vetor-cavalheirismo-militares-e-religiosas-emblemas-her%C3%A1lgicos-image191236688 e https://pt.dreamstime.com/ilustra%C3%A7%C3%A3o-stock-bandeiras-de-europa-image85386681. Acesso em 23 jun. 2021

---

[15] Observe a cruz dos cruzados representada em diversos países, principalmente aqueles do norte da Europa.

Os cavaleiros templários eram originários da França, mas também tinham uma enorme influência na Península Ibérica, pois auxiliaram na expulsão dos mouros muçulmanos. Lá eles tinham muitas terras e castelos. O Rei Filipe IV, da França, devia muito aos templários e, assim, conspirou com o Papa Clemente V para encerrar a Ordem dos Templários e confiscar seus bens.

Para colocá-los em descrédito, iniciou-se uma série de acusações de heresia, sodomia e imoralidades, entre outros crimes. Em 13 de outubro de 1307, uma sexta-feira, todos os cavaleiros templários em solo francês foram presos. Os bens dos templários na Europa foram transferidos à Ordem dos Hospitalários, de Malta, menos em Portugal e na Espanha, onde o Papa deixou o destino dos bens dos templários ao jugo dos respectivos monarcas. Acontece que o Papa Clemente V ficou insatisfeito com a forma cruel como o Rei Filipe IV, da França, havia julgado e condenado os templários e, então, permitiu que na Península Ibérica, onde os monarcas eram mais alinhados aos templários, estes decidissem o que deveria ser feito.

Os templários eram cavaleiros, mas também detinham uma grande armada, com a qual atacaram toda a costa mediterrânea, da Turquia até Jerusalém. No dia seguinte em que os membros franceses foram presos, durante a noite, toda essa armada foi removida da França e deslocada até Portugal, onde o monarca D. Dinis I nomeava o primeiro almirante de uma armada até então inexistente. Ora, se Portugal não tinha uma armada até então, por que D. Dinis nomearia um almirante? É óbvio que a armada de Portugal era a armada templária refugiada da França. Os templários mudaram de nome em Portugal, adotando nomes portugueses. A Ordem dos Templários em Portugal deu lugar à Ordem de Cristo, fundada em 1319, com a mesma sede onde outrora era a Ordem dos Templários, e todas as posses dos templários em Portugal foi transferida a essa nova ordem.

Fica claro que tudo não passou de um arranjo para que todo o exército templário ficasse ao lado da coroa portuguesa. Os templários ganharam novos nomes e uma nova ordem e Portugal ganhou um rico exército e uma poderosa armada, além de todo o conhecimento acumulado dos templários em suas campanhas mundo afora.

O mesmo ocorreu com a Suíça, que hoje possui um poderoso sistema bancário. Provavelmente, muitos templários se refugiaram naquela região nessa época. Diversos países da Europa possuem bandeiras que lembram os símbolos dos cruzados, em especial os países nórdicos, demonstrando a estreita relação entre a formação desses estados e as ordens de cavalaria.

Os templários chegaram até Jerusalém e expulsaram os muçulmanos da Península Ibérica. Os muçulmanos foram os responsáveis pela criação das primeiras universidades do mundo. Eles acumularam todo o conhecimento do mundo antigo, que de uma forma ou de outra foi negado, na Europa Medieval, pela Igreja. Mas os templários tiveram acesso a todo esse conhecimento.

Foi após a conquista de Jerusalém que as artes e a arquitetura europeia floresceram novamente. A partir daí surgiu, naturalmente, um interesse maior pelo pensamento livre e pela livre iniciativa, sem o controle da Igreja. Foi a Igreja que abriu os caminhos para que as ordens de cavalaria tivessem liberdade para acumular riquezas e conhecimento por meio de suas empreitadas, o que se traduziu em poder, porém, uma vez que o poder foi conquistado por eles, a Igreja passou a ser um empecilho para que esse pudesse ser plenamente exercido. Nascem, dessa forma, as sociedades secretas, como a maçonaria, bem como o interesse na livre iniciativa e no empreendedorismo.

Tendo acesso a todo o conhecimento antigo sobre astrologia, física, metafísica, filosofia, alquimia etc., essas ordens secretas passaram a fazer oposição à Igreja, que lhes perseguia, pois eram uma ameaça à sua hegemonia. Pouco a pouco, essas sociedades passaram a ressignificar a história. Nasce, então, a narrativa do Sacro Império Romano-Germânico, dos títulos de nobreza, da cavalaria e de tudo mais que dá legitimidade à nobreza europeia, como o fato de ser ela descendente de Jesus Cristo.

Essa narrativa, que é recente, é uma continuidade da narrativa que visa legitimar a posição da nobreza europeia, que coloca essas ordens secretas como guardiãs do conhecimento e da sociedade. É o período conhecido como Renascimento, que, realmente, ressignifica toda história europeia, culminando com as Grandes Navegações, a circum-navegação do globo terrestre, confirmando que a Terra não era plana como dizia a Igreja e, literalmente, levando ao divórcio do rei Henrique VIII, da Inglaterra, e ao divórcio, dentro da Igreja, de católicos e protestantes.

Figura 31 – Representação da expedição de Colombo, de 1492, rumo à América[16]

Fonte: ilustração de Mr1805. Disponível em: https://pt.dreamstime.com/ilustra%C3%A7%-C3%A3o-stock-santa-maria-nina-e-pinta-de-christopher-columbus-image83700600. Acesso em: 23 jun. 2021

Era o fim da Era da Igreja para o início da Era Eurocentrista. Deus não era mais o centro do mundo, o poder do Papa foi reduzido. Agora, a Europa era o centro do mundo. A livre iniciativa e o empreendedorismo das ordens cavalariças atingira um novo patamar. Tudo era possível: ciência, indústria, colonizar novos territórios, escravizar povos inferiores, afinal, a elite europeia tinha seu poder manifestado por Deus, sendo eles próprios "descendentes" de Cristo, e tinham como finalidade levar a "civilização" para todo o resto do mundo.

Essa foi a narrativa criada pelas sociedades secretas para derrotarem a Igreja e assumirem, elas próprias, as rédeas do mundo, culminando na Revolução Industrial, na independência dos EUA e na Revolução Francesa, mas mantendo algumas poucas famílias no controle do mundo política, econômica e religiosamente, até hoje.

Praticamente, nós ainda estamos vivendo na República Romana e, apesar de sermos judeus ou cristãos, comportamo-nos exatamente como os romanos da época, perseguindo as minorias. A civilização judaico-cristã ocidental não se comporta conforme os ensinamentos de Cristo. Compor-

---

[16] Destaque para a cruz templária nas velas. As caravelas portuguesas que chegaram ao Brasil em 1500 também ostentavam essa cruz vermelha

ta-se como os romanos quando perseguiam as outras culturas. Devemos construir muros para nos proteger dos "outros". Os índios e os bárbaros devem ser "integrados" a "nossa" sociedade. O fanatismo religioso, incapaz de enxergar Deus onipresente em tudo, só enxerga o demônio e promove uma cultura das trevas, de ignorância, de anulação da individualidade. Por outro lado, a ciência, que deveria ser a chama acesa contra a escuridão, a busca pela Verdade, tornou-se a ciência da negação, a busca pela mentira. Tudo é mentira até que se prove o contrário e toda prova é contestável. Na civilização judaico-cristã ocidental, ciência e religião são as duas pernas por onde o imperialismo se move, cegando a todos, destruindo a humanidade e a Terra.

Mas o problema não é a ciência ou a religião em si. Nem mesmo a civilização judaico-cristã ocidental em si. O problema é a maneira como isso tem sido utilizado nos últimos dois mil anos. O sujeito pode ser caucasiano e judeu ou cristão, ser um próspero cidadão dos EUA ou da Alemanha e, mesmo assim, ser uma pessoa que realmente busca a Verdade, que está procurando evoluir espiritualmente. O caminho é individual. Da mesma forma, o sujeito pode ser um negro muçulmano da África ou um chinês budista e ser uma péssima pessoa. Alguém que tenta a todo custo evoluir materialmente, passando por cima dos outros, enganando, explorando a miséria alheia, sendo um empresário ou um político corrupto. A questão não é essa ou aquela instituição, esse ou aquele país, essa ou aquela etnia. A questão é como nos conduzimos e como nos relacionamos com os outros, principalmente aqueles que possuem culturas diferentes da nossa.

3.7 JUDAÍSMO

O judaísmo é a religião ocidental mais antiga, de onde o cristianismo e o islamismo surgiram. Seus patriarcas são Abraão e Sara. Abraão é uma variação linguística de Brahma; em inglês fica mais fácil a comparação: Abraham. A esposa de Brahma é Saraswati, a deusa da sabedoria, do conhecimento, Sara. O próprio termo "judeu" vem de *"yadu"*[17].

O Senhor Krishna se manifestou na Terra há cerca de 5.300 anos, mais ou menos quando começa o calendário judaico. Krishna descendeu na dinastia Yadu, no ano de 3228 a.C. Quando o Senhor Supremo descende no Mundo Material, todo Seu séquito vem junto com Ele. Seus servos come-

---

[17] Lê-se dja-du.

çaram a nascer na Terra muito antes do surgimento do próprio Senhor Krishna, para preparar o terreno para Ele. Daí a origem do calendário judaico, que começa no ano de 3760 a.C.

Quando o Senhor Supremo retornou ao Mundo Espiritual, fez um arranjo para que todos Seus parentes também abandonassem o corpo material e retornassem com Ele. Seus filhos e netos entraram em uma discussão uns com os outros e se mataram, digladiando-se com varas de metal, sem deixar descendência. O próprio Senhor admitiu o arranjo, pois sabia que Sua descendência se tornaria arrogante e, consequentemente, um fardo para a Terra, como descendentes mimados de uma família muito poderosa acabam agindo de forma prepotente, arrogante e dominadora para com os outros. O Senhor não poderia permitir isso e, portanto, fez um arranjo para retirar toda Sua descendência da Terra, mas parentes distantes ainda sobreviveram, os *yadus* ou judeus.

Os judeus, até hoje, são um povo com facilidade para negócios. Podemos afirmar que são abençoados. São, também, um povo que sempre foi perseguido, por diferentes culturas, em diferentes épocas, pois sempre despertaram a inveja nos demais povos, menos "abençoados". Uma característica da vida devocional é que os materialistas sempre perseguem os devotos. Os cristãos também foram perseguidos. Na China, devotos de diferentes credos são perseguidos pelo regime materialista do comunismo; os budistas tibetanos foram perseguidos e os muçulmanos, no oeste da China, também.

O símbolo do judaísmo é a estrela de Davi, que é também o selo de Vishnu. A Terra Prometida que eles tanto buscavam quando fugiram do Egito é, na verdade, Vrindavana, a morada do Senhor Krishna, o local onde abundam o leite e o mel, afinal, o próprio Krishna é um pastor de vacas e, ainda hoje, muitas religiões utilizam-se da analogia do pastor guiando seu rebanho para referirem-se à condução para a vida espiritual. A terra do leite e do mel não pode ser um deserto. Todos sabem que as vacas ficam magras no deserto e dão pouco leite. Tampouco há flores abundantes no deserto para a produção de mel pelas abelhas. A terra do leite e do mel é o bosque de Vrindavana, onde Sri Krishna reproduz seus passatempos para nosso deleite.

Figura 32 – O Selo de Vishnu[18]

Fonte: ilustração de Victoriia Parnikova. Disponível em: https://pt.dreamstime.com/ilustra%C3%A7%C3%A3o-stock-isolado-ajustado-de-chakras-indianos-bonitos-do-ornamental-vetor-il-image63530678. Acesso em: 23 jun. 2021

Vrindavana é a terra natal do Senhor Krishna. O primeiro planeta transcendental do Mundo Espiritual, o eixo central de toda manifestação. Todos os planetas transcendentais no Mundo Espiritual giram em torno de Vrindavana.

Todos nós possuímos diversas facetas. Um juiz, por exemplo, é respeitado e temido por todos dentro do tribunal, porém, na intimidade do seu lar, ele não é um juiz, é apenas um esposo e um pai. É no seio da família que a pessoa se sente mais feliz. Nos braços da esposa ou com os filhos ao colo. Da mesma forma, Krishna, em Vrindavana, não manifesta seu aspecto majestoso. Pelo contrário, em Vrindavana, Krishna é apenas um menino, pastor de vacas, cuja única obrigação é levar os bezerros para pastar no bosque com seus amigos, onde se divertem tomando banho no Rio Yamuna, imitando animais, colhendo frutas silvestres, trocando seus lanches e se encontrando às escondidas com as meninas de Vrindavana, as *gopis*. A beleza nectárea de Krishna, o néctar dos seus lábios, atraem não somente as meninas de Vrindavana, mas também as abelhas e zangões que ficam inebriados. Vrindavana é a terra onde abundam o leite e o mel. As vacas jorram leite das tetas ao verem Krishna.

---

[18] Não por acaso também conhecido com selo de Salomão ou estrela de Davi, um símbolo milenar.

Figura 33 – O Senhor Krishna, em Vrindavana

Fonte: fotografia de mural de B. R. Ramana Reddi. Disponível em: https://pt.dreamstime.com/arte-muralha-ou-mural-do-jovem-deus-hindu-krishna-brincando-com-crian%-C3%A7as-como-na-mitologia-vis%C3%A3o-da-image210647868. Acesso em: 23 jun. 2021

Portanto, Vrindavana é a Terra Prometida, o Paraíso na Terra que os judeus buscavam quando fugiram do Egito, mas a Providência fez com que se estabelecessem na região da Judeia. De fato, desde a época de Krishna, o comércio entre a Índia e a Península Arábica era intenso, o que permitiu que os *yadus* se espalhassem por todo o Oriente Médio, dando origem ao povo judeu. Observe a seguinte passagem do Livro de Krishna, em que temos uma descrição de Vrindavana:

> Solicitado pelo Senhor Krishna, Uddhava partiu imediatamente em sua quadriga e levou a mensagem à Gokula. Ele se aproximou de Vrindavana no pôr-do-sol, quando as vacas voltavam para casa do campo de pastagem. Uddhava e sua quadriga foram cobertos pela poeira levantada pelos cascos das vacas. Ele viu os touros a correr atrás das vacas para acasalar; outras vacas com seus úberes cheios de leite, a correr atrás de seus bezerros para enchê-los de leite. Uddhava viu que a terra inteira de Vrindavana estava cheia de vacas

brancas e seus bezerros. As vacas corriam de lá para cá por toda Gokula e ele podia ouvir o som da ordenha. Toda casa residencial em Vrindavana estava decorada para a adoração ao deus do sol e ao deus do fogo e para a recepção de convi-dados, vacas, sacerdotes eruditos e deuses. Cada lar estava iluminado com luz e incenso arranjados para a santificação. Por toda Vrindavana havia belos colares de flores, pássaros a voar e o som do zumbido das abelhas. Os lagos estavam cheios com flores de lótus e patos e cisnes. (PRABHUPADA, 2002, p. 292-293).

3.8 MAIS CONVERGÊNCIAS DO QUE CONTRADIÇÕES

É fácil compreender a origem comum das religiões ao observar as semelhanças das práticas religiosas. Os *vaishnavas*, servos de Krishna, raspam a cabeça, deixando apenas um tufo na parte posterior/superior do crânio, que chamam de *sikha*. Raspa-se a cabeça como sinal de abandono da vaidade, característica da vida material, e deixa-se a *sikha* como um sinal de respeito e devoção a Deus.

Para a execução de cerimônias religiosas, o sacerdote precisa, necessariamente, adotar o corte com *sikha*. Os judeus utilizam o *kipá* com o mesmo propósito e é exatamente pelo mesmo motivo que algumas mulheres, em algumas culturas, como as muçulmanas, por exemplo, cobrem a cabeça. Até mesmo os sacerdotes cristãos utilizam-se desse expediente.

A observância de jejum é também comum a todas as religiões. Cada religião possui datas e regras específicas para o jejum, porém, o fato é que as práticas religiosas são muito parecidas. No fundo, o objetivo de toda prática religiosa é o controle dos sentidos. Praticamente, toda a filosofia budista é baseada nisso também.

Quando a religião prega que a pessoa deve se abster de fazer sexo fora do casamento, ela está delimitando um limite para a busca de prazer sexual. Um jovem solteiro que não segue práticas religiosas fica muito suscetível aos hormônios da juventude e à energia sexual. Ainda que não passe tanto tempo de sua vida na efetiva prática sexual, ele passa boa parte dos seus dias pensando nisso, dedicando-se a isso, entrando em contato com possíveis parceiras, pensando em como vai fazer para conquistar uma garota, aonde deve ir, o que vestir, o que fazer. Mesmo que não esteja fazendo sexo, ele passa a maior parte do dia em função do ato sexual.

O mesmo acontece com a garota, que fica fazendo diferentes penteados, experimentando diferentes roupas, maquiagens, olhando-se no espelho e tirando *"selfies"*, tudo para ficar bonita para agradar ao macho. E a lógica é a mesma para homossexuais e afins. Quando o casal se casa, não há mais essa necessidade. O parceiro está ali, sempre disponível, ou quase sempre. Logo, a pessoa pode dedicar seu tempo à vida espiritual. Todas as regulações religiosas visam, no fundo, a uma restrição dos sentidos na busca de prazer material para que a pessoa possa, pouco a pouco, substituir o prazer material pelo prazer espiritual. O mesmo serve para os jejuns e outras restrições, como o uso de drogas e bebidas alcoólicas.

Figura 34 – A mesma manifestação religiosa em culturas diferentes[19]

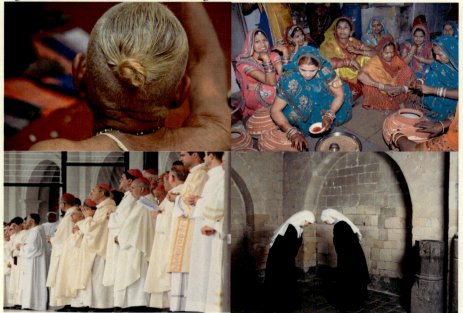

[19] Homens e mulheres hindus, católicos, muçulmanos, judeus e africanos se utilizam do expediente de cobrir a cabeça.

Fonte: fotografias de Ramalingam S, Tlapidus, Pniesen, G0r3cki, Pahariyaanil821, Monkey Business Images, Photowitch, Smandy. Disponíveis em: https://pt.dreamstime.com/kudumi-ou-sikha-image137007298; https://pt.dreamstime.com/de-acordo-com-as-antigas-tradi%C3%A7%C3%B5es-hindus-uma-fun%C3%A7%C3%A3o-casamento-na-qual-todas-mulheres-juntas-executam-puja-potes-barro-image181514879; https://pt.dreamstime.com/fotografia-editorial-cardeais-que-rezam-christian-faith-pessoa-do-devoto-cardinals-reza-no-santu%C3%A1rio-anfiteatro-de-fatima-durante-o-th-anivers%C3%A1rio-da-image86675652; https://pt.dreamstime.com/fotografia-de-stock-royalty-free-freiras-que-cumprimentam-image31064747; https://pt.dreamstime.com/fotos-de-stock-royalty-free-genuflex%C3%A3o-mu%C3%A7ulmana-dos-adoradores-nos-tapetes-da-ora%C3%A7%C3%A3o-image6614288; https://pt.dreamstime.com/foto-de-stock-grupo-de-mulheres-mu%C3%A7ulmanas-brit%C3%A2nicas-que-texting-cafetaria-exterior-image91315903; https://pt.dreamstime.com/homem-religioso-vestido-com-kipa-judaica-tricotada-camisa-azul-e-jaqueta-est%C3%A1-lendo-um-livro-image166467024; https://pt.dreamstime.com/imagem-de-stock-riso-das-mulheres-do-africano-negro-image23574871. Acesso em: 27 jun. 2021

Todas as religiões, inclusive as de origem africana, consideram alguns horários, como o nascer do sol, o meio-dia e o pôr do sol como horas-chave na realização de rituais. As religiões ocidentais até hoje usam esses horários para prescreverem suas preces. Não que seja proibido fazer orações em outros horários, porém, nessas horas é fundamental que a pessoa reserve um momento para a prática religiosa. Isso se dá devido ao fato do alinhamento do planeta com o Sol estar propício para o tráfego entre as diferentes dimensões. A mesma coisa se dá com as fases lunares e, por isso, muitas religiões consideram o calendário lunar juntamente ao solar.

As fases do dia estão relacionadas à rotação da Terra em relação ao Sol. Já as fases lunares estão relacionadas à translação da Lua sobre a Terra. E as estações do ano estão relacionadas à translação da Terra sobre o Sol. É o que a astrologia chama de conjunção, oposição, quadratura crescente e quadratura minguante.

O Sol, a Lua e a Terra, dentro do nosso sistema solar, são os astros com os quais possuímos maior relação: somos netos do Sol, filhos da Terra e a Lua é a nossa companheira. Os outros astros também exercem alguma influência. Diferentes conexões e possibilidades de tráfego se estabelecem nesses ciclos astrológicos.

Sabendo que em determinados períodos as pessoas ficam mais suscetíveis a essas influências, as religiões pregam que as pessoas devem fazer suas práticas religiosas em determinados períodos do dia, determinadas fases lunares e em determinadas datas específicas ao longo do ano, com o objetivo de se utilizarem dessas conexões e aberturas energéticas de forma benéfica para a sua vida espiritual.

A astrologia, levada a sério, é um instrumento importante de toda prática religiosa e pode, inclusive, auxiliar a ciência na compreensão de viagens entre o espaço-tempo. O próprio calendário é um subproduto da astrologia, assim como as modernas astrofísica e astronomia.

O *Feng Shui* e o *Vastu Vidya* são exemplos de como a astrologia pode influenciar na arquitetura e na harmonização de ambientes. Cada ambiente funciona como um corpo, uma personalidade, e o espaço exterior influencia esse ambiente, assim como as pessoas a nossa volta também nos influenciam.

Os muçulmanos, assim como muitas outras religiões orientais, devem se posicionar de acordo com os pontos cardeais para fazerem suas orações. Somos vibração. Nosso corpo é formado por moléculas que, por sua vez, são formadas por átomos diminutos que nada mais são do que pequeníssimas partículas vibrando muito rápido em um imenso espaço vazio. Determinado padrão de vibração constitui determinada matéria, portanto, todo campo eletromagnético vibracional nos influencia.

Ao se posicionar corretamente no ambiente, o sujeito aproveita todas as potencialidades que o ambiente lhe proporciona para seus objetivos. Um exército maior, mas mal posicionado, pode ser derrotado por um exército menor, melhor posicionado no terreno. A lógica serve não somente para situações no campo físico, mas também para o campo astral.

Por fim, toda religião prega a cultura da paz, o amor, o altruísmo e o abandono da vida materialista egoísta pautada no gozo dos sentidos. Que diferença faz se esse é o primeiro ou o último profeta ou messias? O importante é o exemplo de vida que os diferentes mestres, em diferentes épocas, ensinaram-nos, e, quanto a isso, não há divergências entre eles.

3.9 IDOLATRIA

Cristãos, muçulmanos, *vaishnavas* e budistas rezam segurando contas. Os judeus seguram seu livro sagrado. Ao orar dessa forma, busca-se ocupar todos os sentidos na oração. Algumas orações mais avançadas e restritas a iniciados em graus mais elevados da vida espiritual devem ser feitas de modo reservado, em silêncio, e as mais comuns devem ser executadas em voz alta, ocupando-se, assim, a língua e o ouvido, bem como o tato, que segura o objeto de oração, e a visão, que lê a oração ou olha para alguma imagem divina. A oferta de incenso ou de flores aromáticas e de alimento sagrado completa a interação de todos os sentidos na prática espiritual.

Por isso que a censura a qualquer tipo de imagem ou ídolo por parte de alguns credos acaba sendo equivocada. A idolatria condenada na *Bíblia* é aquela destinada aos homens, às "celebridades", aos políticos, às personalidades famosas. A pessoa comum tem a tendência natural de seguir, imitar e até idolatrar grandes personalidades. O culto à personalidade é comum ao materialismo, aos regimes populistas, e é esse tipo de idolatria que é condenada para aquele que quer evoluir espiritualmente.

A idolatria a Deus e aos seus devotos não apenas não é condenável como deve ser incentivada. Afinal, a função da religião é fazer com que o ser vivo recobre sua consciência original, abandonando uma vida egoísta e adotando uma vida em serviço amoroso ao Senhor Supremo. Como substituir os prazeres mundanos por prazeres superiores se abolimos os ídolos divinos?

Figura 35 – Oferenda de alimentos para deidades de Sri Sri Radha-Krishna

Fonte: fotografia de Surbhi Malviya. Disponível em: https://pt.dreamstime.com/muito-
-bonita-radha-krishna-deus-murti-na-%C3%ADndia-com-chappan-bhog-%C3%ADn-
dio-e-decorada-lindas-flores-luzes-image211139215. Acesso em 27 jun. 2021

Observamos uma grande contradição nas práticas de alguns credos que querem abolir as imagens que fazem referência a Deus e aos seus devotos, mas que, ao mesmo tempo, incentivam produções de audiovisual com louvor a Deus ou histórias bíblicas. Ora, mas não é a mesma coisa? Abandonar a arte materialista e substituí-la por uma arte espiritualista é louvável, mas por que impedir as pessoas de adorar a Deus e aos seus devotos em imagens? Qual a diferença de ver um filme que narra a vida de Jesus e olhar um quadro de Krishna se isso nos faz lembrar de Deus e da nossa condição de seres espirituais?

PARTE IV
OS CICLOS DA HUMANIDADE

4.1 OS TRÊS MODOS DA NATUREZA MATERIAL

Brahma é o criador do universo, Vishnu é o mantenedor e Shiva é o destruidor. É dito nos *shastras* que quando Brahma estava criando o universo, a cada momento ele era motivado por diferentes emoções, o que foi gerando as diferentes formas de vida e manifestações que existem no universo e suas respectivas personalidades, os diferentes arquétipos.

Em um dado momento, quando Brahma quis povoar o universo, ele estava muito apaixonado e motivado pela energia sexual da procriação e seus primeiros filhos, que teriam a missão e a responsabilidade de povoar o universo, ao nascerem, ficaram atraídos sexualmente pelo próprio pai e dominados pela luxúria correram atrás dele, o belíssimo Brahma, que fugiu deles pelo universo, escondendo-se em um local recluso.

Brahma, então, praticou meditação e austeridade para livrar-se da luxúria e gerou novos filhos que, por sua vez, nasceram iluminados e autor-realizados. Eles utilizaram-se do grande poder espiritual que tinham para nunca crescerem e permanecerem crianças puras até o final dos tempos. Por isso são conhecidos como os quatro *kumaras*, que significa criança. A recusa dos filhos em crescer e povoar o universo deixou Brahma irado e, de sua ira, surgiu o Senhor Shiva.

Shiva é o avatar do Senhor Supremo, responsável pela dissolução da criação material. Existem três modos na natureza material. Bondade é o modo neutro, responsável pela manutenção das coisas. Tudo repousa n'Ele. Vishnu é o mantenedor do universo e a personalidade representante do modo da bondade. Situar-se em bondade é permanecer neutro diante das alegrias e frustrações materiais. Para evoluir na vida espiritual, primeiramente, a pessoa precisa se situar no modo da bondade, abandonando as atitudes inerentes dos outros modos.

Paixão é o modo que coloca o ser vivo agindo em função do desejo, é o que nos faz criar, trabalhar, gerar riquezas, usufruir das coisas, ter filhos etc.; é o materialismo em sua fase positiva. O Mundo Material surgiu do nosso desejo. A paixão é o modo característico da vida material. É o que motiva o ser vivo dentro do universo material. Brahma é a expressão máxima desse modo. Ignorância é modo originado a partir das frustrações materiais. Não podemos ter tudo o que desejamos, pois estamos sempre em competição com os demais seres vivos, logo vem a frustração. Quando o ser vivo é dominado pela frustração, o modo da ignorância predomina. Esse modo é o responsável pela destruição das coisas. É o materialismo em sua fase negativa. Shiva é o representante desse modo e é um avatar do Senhor Supremo.

Muitas pessoas adoram o Senhor Shiva para que possam superar o modo da ignorância e as limitações materiais. A essas três divindades é dado o nome de *trimurti*, três formas da divindade dentro do universo. Criação, manutenção e destruição. Paixão, bondade e ignorância. Esses três modos permeiam tudo que há e vive no universo.

Vishnu e Shiva são avatares da Suprema Personalidade de Deus e, por isso, são adorados como Deus. Já Brahma é uma função característica das *jivas*, pois Deus, em Sua imensa misericórdia para conosco, permite-nos experimentar a sensação de sermos deus dentro do nosso próprio universo, ficando Ele responsável pela manutenção e pela dissolução do mesmo. Porém, sempre que não há um ser vivo qualificado para ocupar alguma função importante dentro do universo, o próprio Senhor Supremo assume essa função. As escrituras sagradas nos revelam que nesse universo particular em que vivemos, Brahma é uma expansão do próprio Senhor.

Figura 36 – Representação artística da *trimurti*, da esquerda para direita – Brahma (paixão, criação), Vishnu (bondade, manutenção), Shiva (ignorância, destruição)

Fonte: ilustração de Rawin Thienwichtr. Disponível em: https://pt.dreamstime.com/ilustra%C3%A7%C3%A3o-stock-trimurti-brahma-vishnu-shiva-image97613232. Acesso em: 27 jun. 2021

Brahma surge do Vishnu mantenedor do universo e, após nascer, cria tudo que há dentro do universo. Ao final do dia, Brahma dorme e Shiva executa a destruição parcial da criação de Brahma. Shiva destrói todos os sistemas planetários intermediários e inferiores, somente os sistemas planetários mais superiores, como a residência do Senhor Brahma, entre outros, permanecem. Quando Brahma acorda ele precisa criar e povoar parte do universo novamente. Assim é a vida material. Estamos constantemente construindo, mantendo e destruindo para construir de novo. Essa é a natureza da vida material. A estabilidade é apenas temporária e momentânea, pois a paixão e a ignorância estão sempre nos movendo, ora positivamente, ora negativamente.

Neste ponto, voltemos ao início do livro, quando foi abordada a questão da série harmônica para explicar a manifestação. Toda onda possui uma fase positiva, neutra e negativa. Quando jogamos uma pedra na água, ela gera oscilações em sua superfície. Se examinarmos essas oscilações, perceberemos que em uma parte o nível da água parece subir, como se mais água surgisse sobre a superfície. Na sequência, a água permanece no mesmo nível que a superfície, imutável e permanente. Na outra parte, o nível da água parece baixar, como se a água tivesse sido consumida. Mas, na verdade, a água é exatamente a mesma, só o que há é o movimento, a vibração, gerando essa oscilação e momentos de estabilidade entre altos e baixos. Representando os movimentos materiais por sinais matemáticos teríamos:

$$(0)\ (+1)\ (0)\ (-1)\ (0)\ (+1)\ (0)\ (-1)\ (0)\ \ldots\ (0)\ (+1)\ (0)\ (-1)\ (0)\ (+1)\ (0)\ (-1)\ (0)$$

Figura 37 – Representação de uma onda sobre o eixo x^{20}

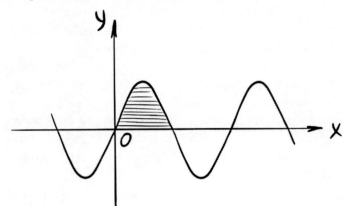

Fonte: ilustração de Valeria Soloveva. Disponível em: https://pt.dreamstime.com/desenho-do-gr%C3%A1fico-da-onda-senoidal-sinusoide-de-uma-fun%C3%A7%C3%A3o-matem%C3%A1tica-um-desenhado-simples-isolado-em-branco-ilustra%C3%A7%C3%A3o-image189945893. Acesso em: 27 jun. 2021

Essa lógica se manifesta em tudo dentro do universo. Nascimento, vida e morte; crescimento econômico, estabilidade e crise financeira; semeadura, maturação e colheita; ascensão, glória e declínio das civilizações; desejo, usufruto e frustração. O sujeito constrói uma casa, precisa mantê-la e, em algum momento, essa casa deixará de existir.

4.2 OS CICLOS DO TEMPO

O movimento de rotação da Terra delimita as horas, o dia e a noite. O movimento da Lua ao redor da Terra delimita as quinzenas, as marés, as colheitas e até os humores. O movimento da Terra ao redor do Sol delimita o ano, as estações e os trimestres. Da mesma forma, os movimentos de outros astros também delimitam ciclos que nos influenciam aqui na Terra.

O universo é delimitado pelo ciclo de vida de Brahma. Quando Brahma morre, após cem anos de vida, o universo se dissolve. Durante o dia, Brahma cria os sistemas planetários intermediários e inferiores e, à noite, quando vai dormir, Shiva destrói esses sistemas. No raiar de um novo dia, Brahma constrói tudo novamente.

---

[20] Acima do eixo x temos a variação positiva da onda e abaixo a variação negativa. Quando a fase da onda se encontra com o eixo x (zero) da reta t (tempo) temos a fase neutra da onda.

Deus ajuda quem cedo madruga. O período entre 1h36 a 48 minutos antes do sol nascer é chamado de *brahma-muhurta*, hora de Brahma. Despertar nesse período proporciona energia criativa para o corpo. É um período importante para orações e para a prática religiosa em geral, para meditação, yoga e atividade física, pois o canal cósmico da energia criativa está aberto. Para receber essa energia o sujeito precisa acordar antes do nascer do sol, durante o *brahma-muhurta*, banhar-se e começar a realizar suas práticas antes do sol começar a despontar no horizonte. Dependendo da prática adotada focamos nossa energia criativa para fortalecer nosso corpo, nossa mente, nossa vida, além de prosperidade material, riquezas etc.; mas também podemos utilizá-la para fortalecer nossa vida espiritual, nosso amor puro, para construir nossa ponte de volta ao Supremo.

Entendendo todas essas questões é mais fácil compreender a personalidade das coisas. Já vimos que Brahma representa o universo, tem seu próprio sistema planetário dentro desse universo, representa o modo material da paixão, um período de cerca de uma hora (mais precisamente 48 minutos) antes do sol nascer e utiliza-se de um cisne como animal transportador. Tudo isso é englobado pelo arquétipo Brahma. Na região sudeste do Brasil esse horário seria mais ou menos entre 4 e 5 horas da manhã. No sistema védico o dia é dividido em 30 *muhurtas*, ao invés de 24 horas, da mesma forma que o mês é dividido em 30 dias. Conhecendo essas coisas é possível direcionar a própria vida para os objetivos que se espera alcançar.

Às vezes, a pessoa se sente frustrada porque as coisas dão errado com ela, porém, tudo isso é fruto da própria ação da pessoa. O sujeito precisa entender que existe hora e lugar para cada coisa. Dependendo dos lugares que o sujeito frequenta, as pessoas com quem se envolve, os tipos de atividades que executa, em quais horários, locais e com quem, tudo isso influencia os resultados de suas ações. É o que chamam de arquétipos, a personalidade das coisas.

Dos três horários comumente utilizados para prática a religiosa mencionados anteriormente, o *brahma-muhurta* é o mais importante. Se a pessoa não puder fazer sua prática religiosa em todos os horários recomendados, deve, ao menos, fazer durante o *brahma-muhurta*. Quando o sol está pino, ao meio-dia, é um alinhamento astrológico chave também, pois o sol está diretamente sobre nossas cabeças, e ao final da tarde, quando ele se põe, é considerado um momento inauspicioso, portanto, é um horário em que devemos nos retirar e adotar práticas religiosas para nos protegermos das influências negativas.

Mas o *brahma-muhurta* é o horário em que nossa potência criativa é fortalecida naturalmente, pois é quando podemos acessar toda a potência criativa do universo. Tudo aquilo que é executado nesse horário é potencializado. Se estamos dormindo não aproveitamos isso. Estar desperto quando o sol nasce nos possibilita receber toda a energia dele.

Toda a existência do nosso sistema planetário dura o tempo de um dia de Brahma e, à noite, é destruído por Shiva. O tempo de duração do nosso sistema planetário é o mesmo tempo que aquele que passa sem que ele exista, assim como os períodos positivo e negativo de uma onda são iguais, o dia e a noite, e as quinzenas clara e escura da Lua também.

Os cientistas afirmam que nosso sistema solar tem aproximadamente 4,5 bilhões de anos e estaríamos aproximadamente na metade da vida útil planetária. Pelo sistema védico nosso sistema planetário duraria 4,3 bilhões de anos e depois teríamos um período igual de inação para depois o sistema voltar a existir (PRABHUPADA, 1995). Se fôssemos considerar os dois períodos, dia e noite de Brahma, teríamos um valor aproximado ao que os cientistas afirmam, porém, como o sistema planetário é destruído no final do dia de Brahma, então temos que considerar que a duração total do sistema é de 4,3 bilhões de anos, havendo divergência com a versão apresentada pelos cientistas.

Os cientistas já erraram outras vezes e depois corrigiram os próprios cálculos e afirmações. Mas, para o objetivo deste livro, pouco importa qual o cálculo correto. O fato é que a natureza é cíclica e os ciclos são concêntricos, e assim como as dimensões estão umas dentro das outras, os ciclos também estão uns dentro dos outros. Dias e noites dentro de quinzenas crescentes e minguantes que, por sua vez, estão dentro de semestres e eras. Quando falamos de dimensões estamos nos referindo à perspectiva espacial e quando falamos em ciclos estamos falando da perspectiva temporal. Ambas estão relacionadas diretamente.

O dia e a noite de Brahma também são divididos em 30 *muhurtas*, assim como nossos dias e noites. O dia possui 15 *muhurtas*, assim como a noite. Da mesma forma que os ciclos lunares são de 15 dias crescentes e 15 dias minguantes, 15 dias influenciados pelo céu claro da Lua cheia e 15 dias influenciados pelo seu céu escuro. O primeiro *muhurta* é o tempo que Brahma gasta para criar o universo e em cada um dos próximos 14 *muhurtas* do dia, Brahma nomeia um Manu para administrar a população universal. Durante o dia de Brahma, 14 Manus governam, cada um durante um *muhurta* de Brahma.

O dia de Brahma é chamado de *kalpa*, sendo o ciclo máximo dos nossos sistemas planetários. Em cada *muhurta* de Brahma, um Manu governa durante todo um ciclo de vida e eras, que é chamado de *manvantara*. Manu é o administrador máximo e pai da humanidade. O termo "humano" deriva de "Manu", assim como o respectivo em inglês, "man".

Na *manvantara* temos uma nova dimensão, um novo ciclo, dentro do ciclo maior, que é o dia de Brahma, a *kalpa*. A duração da vida de Manu é de aproximadamente 308 milhões de anos e, provavelmente, seu ciclo de vida tenha alguma relação com o ciclo galáctico que, segundo os cientistas modernos, é de 219 milhões de anos, que é o tempo que o nosso sol leva para dar a volta na Via Láctea; porém esse cálculo já foi revisto algumas vezes (CAVALCANTE, 2020).

Apesar de a conta não bater exatamente, acredito que as *manvantaras* tenham relação direta com a rotação da galáxia, até porque sabemos que as diferentes partes de um sistema movem-se em diferentes velocidades. Um *manvantara* corresponde a um *muhurta* de Brahma. São 30 *muhurtas* em um dia, 360 dias ao ano, 100 anos de vida. A duração de vida de Brahma e do universo seria de 30 x 360 x 100, o que dá em torno de 330 trilhões de anos.

Atualmente, estamos no sétimo Manu, portanto, no meio do dia de Brahma e aproximadamente no meio da vida de Brahma. Nesse ponto, ciência e filosofia antiga estão de acordo. Os cientistas também afirmam que estamos no meio da vida útil do nosso sistema planetário. Estudando o *Bhagavata Purana* (*Srimad Bhagavatam*), em especial a tradução comentada por Srila Prabhupada, compreendemos tudo isso.

Cada *manvantara* é composta por 71 *maha-yugas*. Uma *maha-yuga* é um ciclo de 4,32 milhões de anos, composto por quatro diferentes eras ou *yugas*. Um *kalpa*, ou dia de Brahma, totaliza mil *maha-yugas*, sendo 71 em cada *manvantara*. Entre cada *manvantara* e entre cada *maha-yuga* existe um período de transição de cerca de meia *maha-yuga*.

De acordo com os *Vedas*, ao final de cada *maha-yuga* existe uma dissolução parcial da criação, pela água, um dilúvio. Ao passo que ao final das mil *maha-yugas*, um *kalpa*, quando o dia de Brahma termina e vem a noite, o Senhor Shiva destrói os sistemas planetários pelo fogo. A descrição do dilúvio dada pelos *shastras* coincide com os relatos bíblicos; e a descrição da destruição pelo fogo coincide com as descobertas científicas de como será o final do nosso sistema solar, com a explosão do sol.

4.3 AS ERAS PRECESSIONAIS E AS YUGAS

Uma *mahayuga* compreende um ciclo de quatro diferentes *yugas*, a saber:

1) *Satya-yuga* – a Era de Ouro, da verdade, da perfeição. É dito que nessa era o ser humano era pleno de virtudes, vivia em total harmonia com a natureza, era capaz de grandes austeridades e estava mais centrado no modo da bondade. As pessoas eram autossatisfeitas, misericordiosas, amigas de todos, tranquilas, sóbrias, tolerantes e equânimes. Também eram belas e se ocupavam na busca pela perfeição da vida espiritual. Não havia religiões, cada um estava centrado em seu eu e conhecia a Verdade. A prática religiosa era individual e constante. Cada ser humano era um homem santo e todo local era sagrado, pois os quatro pilares da religião estavam em pé. Esses quatro pilares são: verdade, compaixão, pureza e austeridade. Não era preciso o trabalho humano e a natureza provia o necessário para todos, sem esforços. Nessa época havia poucos seres humanos no mundo, cada ser humano vivia 100.000 anos e passava dos 10 metros de altura. Essa época durou 1.728 milhões de anos. A classe erudita era a dominante.

2) *Dwapara*-yuga – a Era de Prata, da justiça, dos grandes feitos, a era mágica. A cada era que termina um dos pilares que sustentam a sociedade humana é perdido. A prática de grandes austeridades era uma coisa natural em *satya-yuga*, porém, com o passar do tempo, o espírito competitivo começou a crescer entre as pessoas. Elas passaram a executar grandes austeridades em competição umas com as outras, com a finalidade de alcançarem felicidade material. Nessa época, o modo da paixão passou a predominar sobre o modo da bondade. As pessoas passaram a ser competitivas entre si, característica do modo da paixão. O pilar da austeridade foi perdido, uma vez que as pessoas passaram a orientar-se com o objetivo de ganho pessoal, o que é o oposto de austeridade, restando ¾ do potencial humano. A classe aristocrática guerreira passa a ser a dominante e o ser humano passa a realizar grandes rituais religiosos em busca de poderes místicos sobre-humanos e da realização material. As pessoas ainda viviam bastante direcionadas na realização espiritual, mas o desenvolvimento econômico também passou a ser preocupação e ocupação das pessoas. É o

início do materialismo. As pessoas passam a centrar suas vidas na prática religiosa para obterem tanto a felicidade espiritual quanto a material. É o início da civilização, das guerras e dos trabalhos humanos, como agricultura, mineração e construção. A sabedoria milenar passa a ser utilizada para o engrandecimento da nobreza e da civilização. O ser humano vivia 10.000 anos e chegava aos sete metros de altura. Essa era dura 1.296 milhões de anos.

3) *Treta*-yuga – a Era de Bronze, dos heróis. O espírito de competição entre as pessoas e a ascensão da classe aristocrática guerreira fazem crescer as disputas entre as nações e as guerras. O modo da paixão ainda é o predominante e o da ignorância passa a ser o segundo modo, suplantando o da bondade, que passa a ser o mais fraco. As pessoas passam a ser mais centradas na felicidade material do que na espiritual e já não conseguem alcançar grandes realizações místicas, mas ainda são capazes de grandes atos heroicos e bravura. A função da classe aristocrática é a proteção do povo. Quando ela passa a atuar com o objetivo de conquistar outros povos, isso provoca seu declínio e a ascensão da classe mercantil, que visa ao lucro, passando a ser a classe dominante. A disputa e a violência das guerras fazem com que o pilar da compaixão seja perdido. A religião se sustenta apenas nos pilares da verdade e da pureza. Por isso, nessa era, a sociedade humana realiza apenas metade das suas potencialidades. É a era das grandes construções. As doenças se manifestam, mas o ser humano ainda mantém um aspecto jovem, mesmo em idade avançada. Passa a viver até mil anos e não ultrapassa os cinco metros de altura. Essa era dura 864 mil anos.

4) *Kali*-yuga – a Era de Ferro, das desavenças, da ignorância, da irreligião. Com o aumento da ganância humana, a perda da compaixão e o declínio das classes erudita e aristocrática, a sociedade passa a entrar em disputas tolas por qualquer coisa. Nessa época o modo da ignorância passa a ser o dominante. As pessoas se tornam mesquinhas, fracas, sujas e ignorantes. O ser humano fica preguiçoso. A classe trabalhadora passa a ser a dominante. A classe erudita, desqualificada, desorienta a sociedade rumo ao abismo da ignorância. A classe aristocrática guerreira torna-se covarde e vira um fardo para a sociedade, colocando jovens despreparados

para morrerem em sua defesa enquanto saqueia as riquezas da sociedade. A classe mercantil torna-se corrupta e exploradora dos homens e da natureza. Assim, as pessoas ficam infelizes e invejosas e disputam migalhas umas com as outras, pai contra filho, esposa contra marido, irmão contra irmã. A proeminência da classe mercantil sobre as demais na era anterior fez com que a busca desenfreada pela satisfação sensorial a qualquer preço se tornasse uma constante na sociedade. A luxúria e o consumo de drogas e bebidas aumentam e, assim, a pureza se perde. A religiosidade se sustenta apenas no pilar da verdade, que pouco a pouco vai sendo perdida, até a humanidade mergulhar na ignorância total, razão de sua autodestruição. Tudo está conectado. A humanidade não está isolada da Terra, nem do Universo. Com a perda da pureza, a Terra é contaminada pelo ser humano. Comida e água tornam-se escassos. Tudo é impuro. As doenças passam a ser comuns e as pessoas passam a envelhecer. O ser humano dificilmente passa dos dois metros de altura e dos cem anos de idade. *Kali-yuga* dura 432 mil anos. A humanidade é apenas ¼ do que já foi um dia e, pouco a pouco, vai se perdendo, e o ser humano vira algo parecido com um animal, até se perder por completo em ignorância, quando há o dilúvio e pessoas especialmente enviadas vêm a Terra para reestabelecer os quatro pilares da religião e a sociedade humana recomeça em *satya-yuga* novamente.

Já vimos como os ciclos astrológicos marcam nossa passagem de tempo. Os principais que conhecemos e que até hoje nos influenciam são os ciclos da Terra, da Lua e do Sol. Muita gente diz não acreditar em astrologia, porém, comemora aniversário a cada ciclo solar, utiliza o calendário baseado em meses, semanas e dias, calendário este derivado dos ciclos lunares e solares. Ainda, comemora o Ano Novo, acredita nas estações do ano e nas marés; porém tudo isso é subproduto dos ciclos astrológicos. Além dos ciclos da Terra, da Lua e do Sol, que nos influenciam mais diretamente, todos os outros astros têm seus ciclos, que também nos influenciam, uns mais, outros menos.

Meu objetivo aqui não é falar sobre astrologia, mas sobre as eras. Muito se fala sobre a Nova Era, a Era de Aquário, que está começando agora, nesta época que estamos vivendo. Mas o que é essa Era de Aquário e o que tem a ver com as *yugas* aqui mencionadas?

Figura 38 – Movimento de precessão da Terra, como o de um pião

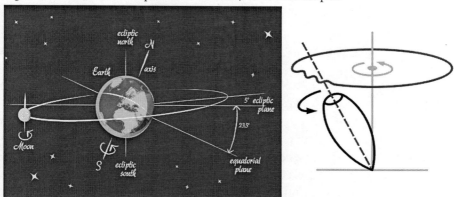

Fonte: ilustrações de Elena Torre e Denis Barbulat. Disponíveis em: https://pt.dreamstime.com/fotos-de-stock-li%C3%A7%C3%A3o-da-astronomia-terra-e-lua-image21345403 e https://pt.dreamstime.com/movimento-de-balan%C3%A7o-ou-acendimento-um-objeto-sim%C3%A9trico-dispon%C3%ADvel-em-alta-resolu%C3%A7%C3%A3o-e-boa-qualidade-para-atender-%C3%A0s-image200883668. Acesso em: 27 jun. 2021

O planeta Terra, quando gira em rotação em torno do próprio eixo, não faz um giro uniforme, perfeito. Sua rotação é mais parecida com a de um pião, que oscila. Isso faz com que o Polo Norte da Terra gire, apontando ora para a estrela Polar, ora para a estrela Vega, completando uma volta a cada 26 mil anos aproximadamente. Nessa volta, a cada 2.160 anos, o ponto vernal da Terra muda de signo.

Ponto Vernal é o ponto onde o Sol cruza o equador celeste, em um equinócio, dando início à primavera no hemisfério norte e ao outono no hemisfério sul. É o ano novo astrológico, no final de março. A cada 2.160 anos, esse ponto muda de signo, passando pelos 12 signos na volta completa do movimento de precessão da Terra. A essas 12 subdivisões do movimento precessional da Terra dá-se o nome de era precessional.

Acontece que os ciclos das eras precessionais coincidem com os ciclos das *yugas*. Cada era precessional dura 2.160 anos. Portanto, *kali-yuga* dura 200 eras precessionais; *treta-yuga*, 400 eras precessionais; *dwapara-yuga*, 600 eras precessionais e *satya-yuga*, 800 eras precessionais. O ciclo completo de *maha-yuga* dura 2.000 eras precessionais. Um reinado de Manu dura 71 *maha-yugas* mais um intervalo correspondente a uma *maha-yuga*, totalizando 72 *maha-yugas* x duas mil eras precessionais. O resultado é

144 mil eras precessionais em um reinado de Manu, o que dá 12 mil ciclos completos de precessão da Terra em cada *manvantara*.

4.4 A CONTAGEM DAS ERAS E OS CICLOS DE JÚPITER X SATURNO

Os antigos astrólogos sempre se utilizaram dos ciclos entre os planetas Júpiter e Saturno para determinarem as eras na Terra. Era dito que impérios surgiam e decaíam nos ciclos de Júpiter e Saturno. O ciclo entre os planetas Júpiter e Saturno é calculado a partir da conjunção desses planetas. Uma conjunção é quando determinados planetas estão "juntos" da perspectiva de quem olha daqui da Terra. Júpiter leva 12 anos para dar a volta no equador celeste, ao passo que Saturno leva cerca de 29 anos. Eles se "encontram" a cada 20 anos.

Figura 39 – Ciclos de Júpiter e Saturno[21]

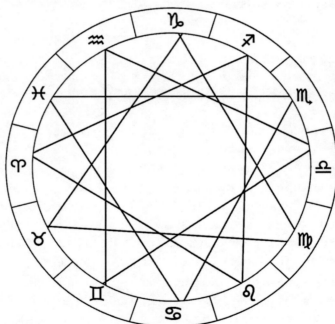

Fonte: Rafaela Radha, 2021

---

[21] Júpiter e Saturno entram em conjunção a cada 20 anos, sempre em signos do mesmo elemento, formando triângulos na carta astral, mudando de elemento a cada 200 anos.

O INÍCIO DA ERA DOURADA NA CIÊNCIA E NA RELIGIÃO

Acontece que durante 200 anos, os ciclos entre Júpiter e Saturno se dão sempre em signos do mesmo elemento, marcando eras. Os doze signos do zodíaco são divididos em quatro elementos – fogo, terra, ar e água –, sendo três signos em cada elemento.

Quando falamos em era precessional, estamos falando da astrologia sideral. Existem dois grandes ramos da astrologia: a sideral ou oriental e a tropical ou ocidental. No Ocidente, as pessoas estão mais acostumadas com a astrologia tropical. Nesse ramo, os astrólogos não corrigem o ponto vernal ano após ano, sendo que as divisões do zodíaco permanecem no mesmo lugar durante séculos. Na astrologia sideral, o ponto vernal é corrigido ano após ano, conforme a precessão do equinócio. Portanto, para calcularmos as eras precessionais precisamos utilizar a astrologia sideral, pois é a única que leva a precessão dos equinócios em consideração.

OS CICLOS DA HUMANIDADE

Figura 40 – Mapa astral do início da Era de Peixes, em 7 a.C.

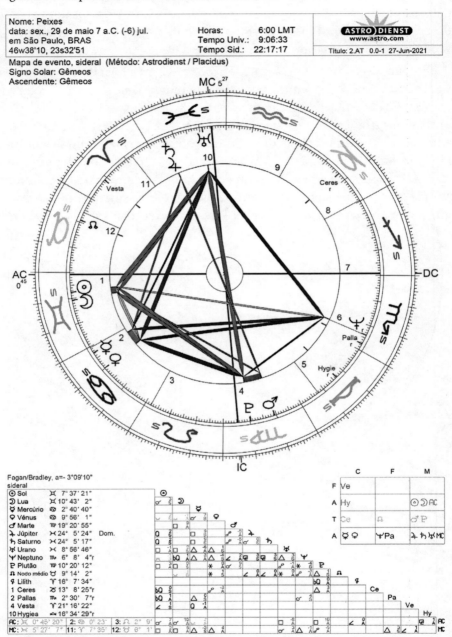

Fonte: calculado pelo autor e gerado no site https://www.astro.com/, 2021

Analisando dados astrológicos, descobrimos que as eras precessionais coincidem com os ciclos de Júpiter e Saturno e, assim, é possível definir exatamente quando uma era precessional se inicia. A era atual, de Peixes, iniciou-se com a Era Cristã. O ponto vernal entrou em Peixes no século III, justamente quando temos o fim da Era Clássica e começo da Idade Média e Igreja Católica. Porém, a conjunção entre Júpiter e Saturno em 24º de Peixes ocorreu um pouco antes, prenunciando o início da Era de Peixes, em 29 de maio do ano 7 a.C. Nessa data, o ponto vernal estava a 3º do ingresso definitivo no signo de peixes; entretanto, em Astrologia, essa distância já pode ser considerada uma conjunção. Dessa forma, podemos dizer que a Era de Peixes é a Era Cristã. As conjunções entre Júpiter e Saturno precederam a entrada do ponto vernal em Peixes, como se estivessem anunciando ou, até mesmo, preparando a humanidade para a Era de Peixes, com a vinda de Cristo e, posteriormente, a Era Cristã.

Figura 41 – Mapa astral do início da Era de Aquário, em 2199

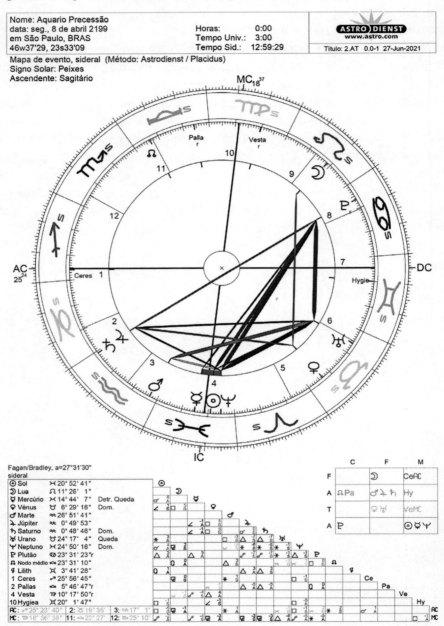

Fonte: calculado pelo autor e gerado no site https://www.astro.com/, 2021

O ponto vernal entrará em Aquário no ano de 2378. Porém, as conjunções de Júpiter e Saturno no signo, mais uma vez, iniciar-se-ão um pouco antes, em 8 de abril de 2199, com o ponto vernal a menos de 3º do signo, o que já pode ser considerado uma conjunção, anunciando e preparando a humanidade para a Nova Era de Aquário. Podemos afirmar, então, que a Era de Aquário se iniciará no ano novo astrológico, em 2199, mas nós já estamos sob os efeitos dessa transformação. O dia não nasce de uma hora para outra. Primeiro o céu vai clareando, a escuridão da noite vai se dissipando, depois o Sol aparece. Com as eras acontece da mesma forma. A Era de Aquário já está surgindo em meio ao final da Era de Peixes.

Mudando agora da astrologia sideral para a astrologia ocidental, o ano de 2020 marcou a mudança de elemento das conjunções Júpiter-Saturno pela astrologia tropical. Tivemos três conjunções entre eles no signo de Capricórnio, em março, em julho quando os planetas estavam em retrogradação e, finalmente, em dezembro, quando se encontraram novamente nos últimos graus de Capricórnio e passaram para o signo de Aquário juntos, ainda em dezembro de 2020, pelos cálculos da astrologia ocidental/tropical.

Dizem os astrólogos que a astrologia sideral/oriental, é muito boa para a análise das configurações globais, mundiais, para marcação das eras. Já a astrologia ocidental/tropical, é muito utilizada para a análise das questões pessoais, individuais, e como seus arquétipos continuam funcionando, os astrólogos tropicais ainda não efetuaram a correção do ponto vernal, o que dependerá de uma convenção. Ou seja, no futuro, os astrólogos ocidentais farão a correção do ponto vernal, a exemplo do que ocorre todo ano com a astrologia oriental, mas ainda não o fizeram porque suas análises continuam valendo, portanto, acreditam ainda não haver essa necessidade.

Com tudo isso em mente, podemos fazer a seguinte reflexão: pela astrologia sideral, que é aquela que leva em consideração o movimento de precessão da Terra, a Era de Aquário começará somente no final do século XXIV, com seu prenúncio em 2199. Porém, considerando a astrologia tropical, o ano de 2020 marca uma forte transição das conjunções entre Júpiter e Saturno, marcando o fim de um ciclo de 200 anos no elemento terra e iniciando-se um ciclo de 200 no elemento ar, começando por Aquário. Sendo assim, podemos dizer que a transformação nas pessoas já está começando. O período entre 2020 e 2199 pode ser considerado como o período de transição da Era de Peixes para a Era de Aquário, pois são os 200 anos de ciclos entre Júpiter e Saturno no elemento ar pela astrologia ocidental.

Muito se disse sobre o fim do mundo no calendário maia, em dezembro de 2012. O mestre espírita Chico Xavier também nos revelou a data limite de 2019 para a humanidade parar com as guerras de extermínio, para que pudéssemos entrar em uma nova era. Segundo ele, se a humanidade insistisse na violência e na exploração, muitas calamidades iriam surgir (CASAGRANDE; POZATI, 2016). Todas essas previsões coadunam com a transição das eras precessionais, e existem muitas outras visões e profecias nesse mesmo sentido, culminando neste mesmo período em que estamos vivendo[22]. A mudança acontecerá, de um jeito ou de outro. Aqueles que se prepararem e assumirem uma atitude mais positiva, pacífica, humilde e tolerante farão a transição de forma mais agradável. Aqueles que insistirem em uma atitude predatória, gananciosa e egoísta farão a transição de maneira mais sofrida.

4.5 O INÍCIO DE KALI-YUGA

Muito se especula sobre quando foi o início de *kali-yuga*. Existem linhas de especuladores que dizem até que *kali-yuga* já acabou. Devemos nos ater ao que está definido nas escrituras e nos cálculos astronômicos, que são matemáticos e físicos. As pessoas não podem querer manipular a história com base em achismo no que lhes é mais pertinente. A cada momento surgem novas teorias querendo manipular os textos sagrados a seu bel-prazer. Por isso é preciso buscar o conhecimento por fontes fidedignas. Ninguém pode dar nada que não possua ou transmitir um conhecimento que não possui.

É dito no *Srimad Bhagavatam* (*Bhagavata Purana*) que *kali-yuga* começa quando Sri Krishna deixa este mundo, o que aconteceu aproximadamente no ano de 3102 a.C., o que coincide com o início da história. Não há coincidência. *Kali-yuga* é a era da ignorância. O ser humano perde sua capacidade de memória e, por isso, surge a necessidade da criação da escrita, para que possam ser feitos registros e criados códigos. A escrita não surge por uma evolução das técnicas humanas, mas por um declínio da capacidade cognitiva humana.

De acordo com os *Puranas*, na 28ª *maha-yuga* temos um ciclo diferente. O Senhor Krishna sempre descende, em toda *maha-yuga*, na *dwapara-yuga*. Ele descende como um nobre guerreiro aristocrata, em todo seu aspecto majestoso e heroico. Porém, no 28º ciclo há uma sobreposição entre *treta*

---

[22] Este livro foi escrito entre 2020-2021, porém o "período" que aqui se refere dura alguns anos, podemos obeservar pela pandemia de Covid19 que se iniciou em 2020 e ainda em 2021 não terminou.

e dwapara-yugas e o Senhor Krishna aparece muito próximo de *kali-yuga*. Nesse ciclo específico, que é o que nós estamos, o Senhor Krishna também manifesta seus passatempos mais íntimos em Vrindavana. Somente no 28º ciclo de *yugas* é que Vrindavana se manifesta na Terra.

Esse é o aspecto mais íntimo da Suprema Personalidade de Deus e, apenas neste ciclo específico, Krishna manifesta toda essa doçura aqui na Terra. Todo seu séquito desce antes d'Ele e prepara o terreno para sua vinda. Vrindavana se manifesta na Terra. Não à toa, o calendário judaico começa aproximadamente no ano 3760 a.C., justamente quando os habitantes de Vrindavana e os deuses começaram a descender entre os *yadus*, os judeus primitivos, para fazerem os preparativos para a vinda de Krishna. Vrindavana é a terra prometida, o Paraíso na Terra. Era Vrindavana que os judeus procuravam quando fugiram do Egito.

Áries é considerado pelos astrólogos como o primeiro signo do zodíaco, o que dá início. Krishna veio na última era precessional de *dwapara-yuga*, a Era de Touro. Nessa época, Krishna manifestou na Terra seus passatempos mais íntimos como pastor de vacas. A comunidade de Vrindavana é uma comunidade pastoril, produtora de leite. O signo Touro tem esse aspecto de trabalho da terra, produção de alimento, sustento e energia da matéria. Essa foi a época em que a atividade agropecuária se expandiu pelo mundo. Quando Krishna abandona este planeta e retorna a Vaikuntha, no Mundo Espiritual, inicia-se a Era de Áries, a Era que dá início à *kali-yuga*. Portanto, *kali-yuga* tem cerca de quatro mil anos. Seu início coincide com o início da história, da escrita, das primeiras civilizações que temos registrada, pois antes da partida de Krishna ouve a grande batalha de Kurukshetra, narrada no épico *Mahabharata*, na qual a maioria dos grandes reis e seus exércitos e reinos foram aniquilados, havendo assim, posteriormente, o surgimento de novos reinos e civilizações da antiguidade. Desse modo, de acordo com *Srimad Bhagavatam*, a história e a astrologia, *kali-yuga* começou entre o século XXXI a.C., quando o Senhor Krishna deixou este mundo e o século XX a.C., quando se inicia a era precessional de Áries; portanto, ainda estamos no começo dessa era, que durará 432 mil anos, dos quais só se passaram pouco mais de quatro mil anos.

4.6 O ASPECTO MAIS ÍNTIMO DO AMOR DIVINO

A Suprema Personalidade Deus possui infinitos nomes. Tantos quanto planetas espirituais no céu transcendental. "Govinda" é um dos nomes do Senhor Supremo, que significa aquele que dá prazer às vacas. Krishna pastoreia as vacas tocando sua flauta transcendental. Todos os habitantes de Vrindavana são tomados por um êxtase profundo sempre que ouvem o som da flauta de Krishna. As diferentes manifestações da divindade são, em geral, majestosas e intimidadoras, quase sempre portando algum tipo de arma. Entretanto, Krishna possui apenas uma flauta, com a qual conquista o coração de todos. Isso também reflete o aspecto inerente da manifestação, a vibração e a maneira como a manifestação se expande em uma infinita série harmônica. Krishna é o aspecto mais íntimo e original do Supremo. Ele não precisa de nenhuma arma ou de ser adorado e servido. Ele só precisa tocar sua flauta e se divertir com seus associados mais íntimos. Outro nome de Krishna é "Gopala", aquele que protege as vacas.

A religiosidade e a espiritualidade são aspectos intrínsecos do ser humano. A busca pela verdade é o *dharma* do ser humano. O corpo material é percorrido por diversas correntes energéticas que funcionam como intermediárias entre o corpo sutil e o corpo grosseiro. Esses fluxos energéticos regem as funções corpóreas e ondem eles se cruzam chamamos de *chakra*, ou roda, ou centro. Existem diversos *chakras* pelo corpo e sete são os principais.

Figura 42 – Os sete *chakras* principais do corpo

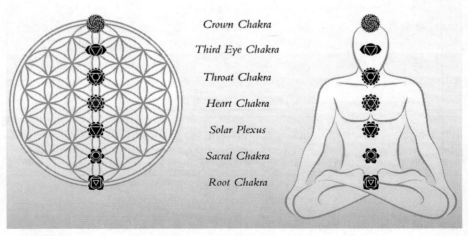

Fonte: ilustração de Peter Hermes Furian. Disponível em: https://pt.dreamstime.com/foto-de-stock-royalty-free-flor-do-homem-de-chakras-da-descri%C3%A7%C3%A3o-da-vida-image40863035. Acesso em: 27 jun. 2021

O INÍCIO DA ERA DOURADA NA CIÊNCIA E NA RELIGIÃO

No início de sua jornada na *samsara* material, o ser vivo assume formas de vida muito básicas, cujo único instinto é o de sobrevivência. Essa função é canalizada pelo *chakra* raiz, que fica na base da espinha dorsal, tendo como abertura o ânus. É o *chakra* que nos mantém vivos e conectados com a matéria. É a residência do elemento terra no corpo. Quando a pessoa materialista morre é pelo ânus que o corpo sutil abandona o corpo grosseiro, por isso muitos defecam quando morrem, pela pressão descendente exercida pelo ar vital.

Em *kali-yuga,* o ser humano é ignorante e a ignorância faz com que as pessoas sintam muito medo de tudo. O *chakra* raiz rege o instinto de sobrevivência e o que nos mantém vivos diante do perigo é o medo, portanto, é aqui onde o medo habita. É comum, quando sentimos muito medo, também sentirmos vontade de defecar, pois as funções acontecem na mesma região, e ao estimularmos o aspecto sutil, o medo, estimulamos o aspecto físico, o defecar. O medo não é necessariamente algo ruim. O medo serve para nos proteger, manter-nos vivos, sendo a função mais básica do corpo, a autopreservação, porém, concentrar-nos no medo nos paralisa. O medo é também a primeira manifestação religiosa das pessoas. A pessoa adora Deus e segue os preceitos religiosos por medo. Medo de ser castigada, medo de ir para o inferno, medo de sentir a ira de Deus.

Quando a pessoa evolui para o próximo estágio, ela ativa sua capacidade criativa. O medo não é mais o regente de suas ações e, sim, os desejos. Quando o sujeito domina a arte da sobrevivência, esta não é mais sua prioridade e, assim, ele passa a querer desfrutar da vida, fazendo com que sua potência criativa, a *Kundalini,* desperte e suba até o *chakra* seguinte.

O *chakra* sexual é onde são regidos a criatividade, as emoções e os fluídos. É a morada do elemento água dentro do corpo, portanto, todos os fluidos corpóreos, assim como as emoções, são regidos por esse *chakra.* A pessoa com energia concentrada nesse *chakra* tem a sexualidade e a criatividades afloradas. Quando a religiosidade se manifesta por meio desse *chakra,* a pessoa transcende o medo de Deus e passa a se relacionar com o divino por interesse, por desejo. A pessoa busca a religiosidade para ter sucesso na vida material, ser saudável, ter um bom cônjuge, ter um bom emprego, vencer seus inimigos etc.

Ao superar o medo e despertar a energia criativa do corpo, a *Kundalini,* a pessoa pode usar sua inteligência, concentrada no *chakra* do plexo solar, para elevar essa poderosa energia aos níveis superiores. Quando a *Kunda-*

lini fica concentrada no *chakra* sexual, a pessoa fica egoísta e promíscua. O plexo solar é a residência do fogo no corpo. É o *chakra* responsável pela digestão e transformação tanto do alimento físico quanto das experiências sutis. É onde processamos as nossas relações. Quando a pessoa entra em um ambiente carregado, ela sente um frio na barriga. É o plexo solar reagindo às energias a que está sendo exposto. É o *chakra* pelo qual nos relacionamos e desenvolvemos nossa personalidade e caráter. O rei na barriga de cada um. A pessoa centrada no desfrute sensual, com a energia canalizada no 2º *chakra*, ao tentar alcançar os objetos de seus desejos deparar-se-á com os outros, que estarão competindo com ela pelos mesmos objetivos. Isso força a pessoa a aprender a se relacionar com os outros a fim de alcançar seus objetivos. Nesse ponto, a *Kundalini* sobe para o plexo solar, na "boca" do estômago.

Quando a *Kundalini* é elevada a esse nível, a pessoa desenvolve a religiosidade com base no conhecimento, porque ela acredita, porque ela entende racionalmente como a natureza funciona e que isso só é possível graças a uma Causa Primordial, a uma vibração original, que todo sofrimento é causado pela própria paixão da pessoa e que somente por meio das práticas religiosas a pessoa consegue controlar a paixão dos sentidos materiais e desenvolver um gosto espiritual superior para poder abandonar a vida material de sofrimento e voltar ao Supremo. É o início do desenvolvimento da racionalidade, o sol dentro da pessoa que dissipa a escuridão da ignorância.

Ao desenvolver sua religiosidade e sua inteligência, a pessoa abandona os modos da paixão e ignorância, controla os sentidos e se situa no modo da bondade, o que permite a *Kundalini* a ascender ao *chakra* cardíaco, na caixa torácica, onde se situa o ar vital do corpo e o coração, a residência do corpo sutil, da alma e da Superalma. Quando a *Kundalini* chega a esse ponto, ela se purifica ao se impregnar de amor puro transcendental; é quando a espiritualidade da pessoa passa a dominar a materialidade.

Quando a energia ainda está concentrada no plexo solar, a pessoa continua querendo conquistar o mundo, subjugar seus inimigos, conquistar a empatia dos seus semelhantes. Quando a *Kundalini* chega ao coração, a pessoa se situa no modo da bondade e passa a ser neutra. Quando a pessoa atinge a neutralidade e a autossatisfação é o que chamamos de *nirvana*. *Nirvana* indica o surgimento do *prema*, amor puro transcendental.

E Jesus respondeu-lhe: O primeiro de todos os mandamentos é:
Ouve, Israel, o Senhor nosso Deus é o único Senhor.
Amarás, pois, ao Senhor teu Deus de todo o teu coração, e de toda a tua
alma, e de todo o teu entendimento, e de todas as tuas forças; este é o primeiro
mandamento.
E o segundo, semelhante a este, é: Amarás o teu próximo como
a ti mesmo.
Não há outro mandamento maior do que estes.
E o escriba lhe disse: Muito bem, Mestre, e com verdade disseste que há
um só Deus, e que não há outro além dele;
E que amá-lo de todo o coração, e de todo o entendimento, e de toda a
alma, e de todas as forças, e amar o próximo como a si mesmo, é mais do que
todos os holocaustos e sacrifícios.

E Jesus, vendo que havia respondido sabiamente, disse-lhe:
Não estás longe do reino de Deus.
E já ninguém ousava perguntar-lhe mais nada.

(Bíblia Sagrada, Mc 12:29-34).

Portanto, ao desenvolver o amor puro transcendental, *prema*, a pessoa torna-se neutra diante da matéria, ela ama a Deus, a si mesma e a tudo e a todos da mesma forma. O carvão em que havia se transformado devido ao falso ego começa a ser polido por *prema* e pela prática religiosa, e a pessoa pouco a pouco vai se tornando novamente um diamante, capaz de receber e transmitir a energia divina. Logo a pessoa passa a habitar no Mundo Espiritual, onde quer que esteja, pois, apesar de ainda estar corporificada no Mundo Material, ela já se encontra em conexão direta com o divino. Mais do que isso, a pessoa passa a ser ela própria uma representação do divino na Terra, uma espécie de antena repetidora da frequência divina. São os santos e os mestres espirituais. Por isso, ao estudar questões espirituais e religiosas devemos buscar sempre a guarita de mestres espirituais fidedignos, pois não irão interpretar as escrituras com base em desejos egoístas. Somente uma pessoa que atingiu o *nirvana* e desenvolveu *prema* pode ser mestre espiritual e guiar outros.

Por isso a importância da linha de sucessão discipular, ou seja, a pessoa fazer parte de uma linha de mestres fidedignos. Só assim sua prática religiosa rende frutos. Quando Jesus diz que ele é o caminho e que só por meio dele a pessoa pode alcançar a vida espiritual é porque ele é um mestre espiritual autêntico. Não adianta estudar textos sagrados com base em comentários de pessoas materialistas. Somente quem transcendeu ao materialismo pode mostrar e explicar o caminho espiritual para alguém.

Porém, esse estágio em que *prema* surge não é o último estágio da vida espiritual, mas o primeiro. Quando a pessoa se torna autorrealizada e situa-se no modo da bondade, desenvolvendo o amor puro transcendental em total neutralidade com as vicissitudes da matéria, ela passa a desenvolver esse amor. Então, o aspecto majestoso e potente da divindade começa a sumir, pois quem ama, ama alguém e quer se aproximar desse alguém, ter uma relação íntima amorosa. Ao desenvolver o amor por Deus, a pessoa passa da neutralidade para um sentimento de amizade. Ela passa a ver Krishna como seu amigo. Ela não tem mais medo de Deus, nem algum interesse específico, ela apenas quer ter a companhia do seu amigo querido. Tudo que ela faz é para agradar esse amigo. Nesse ponto, a prática religiosa torna-se secundária. O importante não é fazer as coisas de determinado jeito, mas fazê-las para nosso querido amigo Krishna. Esse é o segundo estágio no desenvolvimento do amor puro transcendental.

No terceiro estágio de *prema*, o amor do sujeito incrementa a tal ponto que a pessoa quer cuidar de Krishna como se fosse um filho. A pessoa que alcançou esse estágio de *prema* pode vir a ser, literalmente, pai ou mãe, avô ou avó, tio ou tia, professor etc. de Deus em uma de suas manifestações neste Mundo Material. E ao retornar ao Supremo, a pessoa pode assumir essa função em algum dos planetas espirituais, especialmente Vrindavana.

O cuidar de uma deidade no templo visa estimular esse aspecto amoroso. O devoto responsável por cuidar da deidade, chamado de *pujari*, dedica-se integralmente a esse serviço, assim como uma mãe cuida de um recém-nascido. O devoto acorda a deidade pela manhã com a oferenda de um delicioso desjejum. Depois lhe dá banho e faz a troca de roupas. Ao meio-dia oferece o almoço e assim por diante. O dia inteiro o *pujari* fica absorto em cuidar da deidade. A adoração de deidades em templos era o aspecto religioso principal da *yuga* anterior.

No quarto estágio de *prema* a pessoa desenvolve afeição conjugal por Deus. Deus é o *purusha* original, o macho alfa original e, consequentemente, todas as *jivas* são suas fêmeas, conceitualmente falando. É o sêmen do homem que fecunda o útero da mulher, assim como a Superalma permite que o corpo material da *jiva* tenha vida. Ou seja, a mãe gera um filho a partir do sêmen do pai, assim como a *jiva* cria o Mundo Material a partir da vibração original Divina. E a *jiva*, ao compreender isso e se situar no 4º estágio de *prema*, pode assumir, literalmente, a posição de esposa do Senhor, tanto aqui, no Mundo Material, como esposa de uma de suas inúmeras manifestações, quanto no Mundo Espiritual, em algum dos muitos planetas transcendentais.

Obviamente, a questão sexual e de gênero só se aplica no Mundo Material. No Mundo Espiritual não há ato sexual e não há limitação de gênero, pois cada um pode assumir múltiplas personalidades. É natural que algumas pessoas fiquem um pouco confusas com tudo isso, pois a identificação com o corpo material é muito forte. Mas nós não somos o corpo material, não somos homem ou mulher, branco ou negro, rico ou pobre. Estamos condicionados nesta matéria momentaneamente. Nossa natureza constitucional é muito mais rica e menos limitada.

Contudo, o amor conjugal, íntimo, ainda não é o nível mais elevado do amor puro transcendental. O nível mais elevado de *prema* é o amor na separação. É o exemplo que temos das *gopis* de Vrindavana. Todas as *gopis* de Vrindavana anseiam se tornar esposas de Krishna, porém, cada uma delas foi prometida em casamento para outro homem. Isso gera uma situação única, em que elas amam Krishna de todo o coração, mas é um amor platônico.

Radha é a principal entre as *gopis* e a personificação desse amor puro mais elevado. As outras *gopis* auxiliam-na para se arrumar e encontrar-se secretamente com Krishna no bosque de Vrindavana. Vale destacar que ambos ainda são crianças e que nesse estágio não há a conotação sexual no amor entre eles. É um amor juvenil. O primeiro amor ninguém esquece, *é um amor juvenil e platônico*, um reflexo do estágio último do amor puro transcendental das *gopis* de Vrindavana, encabeçadas por Sri Radha.

Radha é a personificação de *prema*. Ela possui a tez dourada e, até hoje, os devotos em Vrindavana são chamados de *gaudiyas vaishnavas*. *Vaishnava* significa devoto do Senhor Supremo. *Gaudiya* significa devoto de "Gauri", que significa "Dourada". Radha é *Gauri*. Os *gaudiyas vaishnavas* são os devotos que se colocam como servos de Radha, seguindo o exemplo das *gopis* de Vrindavana, para servi-la no serviço amoroso ao Senhor Krishna. Essa é a posição mais exaltada entre os devotos puros, a posição de *gopi* em Vrindavana.

Figura 43 – Representação de Sri Sri Radha Krishna em Vrindavana

Fonte: ilustração de Pateljaydip074. Disponível em: https://pt.dreamstime.com/lord-radha-krishna-linda-wallpaper-com-fundo-radhaji-e-lindos-antecedentes-image164053189. Acesso em: 27 jun. 2021

Nesse estágio amoroso a pessoa não se importa com mais nada além de Krishna. Existe uma passagem do *Srimad Bhagavatam*, no 10º canto, também conhecido como Livro de Krishna, pois é onde os passatempos de Sri Krishna são narrados, que conta uma história de uma vez em que Krishna fingiu estar doente. Ele se sentou em um tronco caído e avisou Seus amigos que estava tonto, febril e com a visão turva, e que não podia prosseguir com Suas atividades de pastoreio pelo bosque. Seus amigos ficaram muito preocupados e O indagaram sobre como poderiam ajudar. Krishna respondeu que somente o bálsamo da poeira dos pés de lótus de Seus devotos poderia salvá-Lo.

Então, os pastorzinhos foram até alguns sacerdotes que estavam se preparando para uma grande cerimônia religiosa. Eles consideraram que os sacerdotes eram os devotos mais elevados, pois dedicavam suas vidas à espiritualidade e ao serviço ao Senhor. Eles informaram os sacerdotes de que Krishna estava doente e que somente a poeira dos pés deles poderia salvá-Lo. Os sacerdotes ficaram muito perturbados e responderam que jamais passariam a poeira de seus pés na cabeça do Senhor Supremo, que isso seria uma ofensa muito grande.

Frustrados, os pastorzinhos procuraram a ajuda das esposas dos sacerdotes, que estavam nas proximidades, preparando alimentos para a grande cerimônia. Elas não hesitaram em fornecer a poeira dos próprios pés para que passassem na cabeça de Krishna, mesmo que isso significasse uma grande ofensa. Elas poderiam até ir para o inferno, se esse fosse o desejo de Krishna. Elas também não se preocuparam com o que seus maridos iriam pensar delas. Obviamente, tudo isso não passou de um passatempo de Krishna, com o qual Ele quis demonstrar a diferença dos estágios amorosos entre Seus devotos. É claro que as esposas dos sacerdotes jamais seriam punidas por Krishna por satisfazerem Seu desejo. A característica principal do estágio mais elevado de amor puro transcendental é a total ausência de preocupação consigo mesmo e entrega total ao Senhor Supremo.

O amor na separação é, portanto, o estágio último de *prema*. Estamos condicionados na matéria, portanto, separados de Krishna e do Mundo Espiritual, mas podemos seguir o exemplo das *gopis*, que mesmo separadas de Krishna estavam constantemente a pensar n'Ele e a adorá-l'O em seus corações.

Por isso, uma vez em cada *kalpa*, Krishna manifesta Seus passatempos mais íntimos de Vrindavana na Terra para inspirar Seus devotos na busca pela perfeição do amor puro transcendental. Nesse ciclo específico, e somente nesse 28º ciclo, *kali-yuga* é amenizada, primeiramente, pela vinda de Krishna pouco antes de seu início e, durante *kali-yuga*, por uma Era Dourada de 12 mil anos. Essa Era Dourada dentro de *kali-yuga* só ocorre no 28º ciclo, quando Krishna manifesta Seus passatempos de Vrindavana pouco antes do início de *kali-yuga*. Por isso vivemos em um momento especial, em um ciclo especial de eras, que leva bilhões de anos para se repetir, e a Era Dourada está começando agora. Explicaremos isso adiante.

Vale destacar que, no plano absoluto do Mundo Espiritual, não existe diferença entre os diferentes estágios amorosos, do grau de amizade para o grau parental, deste para o grau conjugal e deste para o grau de amor na separação. Todos são igualmente bons. Porém, conceitualmente falando, é possível definir esses níveis de amor puro divino conforme aqui exposto, apenas a título de ilustração e aprendizagem. Todos os devotos no plano transcendental estão situados no mesmo nível, mas podemos afirmar que as *gopis* encabeçadas por Radha são o suprassumo do serviço devocional.

4.7 OS PANDAVAS

De tempos em tempos, o Senhor Supremo sempre descende aos nossos sistemas planetários com alguns objetivos: combater o materialismo, reestabelecer a verdadeira religião, proteger os devotos, eliminar o fardo da sociedade. Quando veio como Senhor Krishna, um dos objetivos era a Guerra de Kurukshetra, em que milhões morreram; dessa forma, o Senhor Krishna eliminou imensos exércitos, bem como seus reis, que haviam se tornado um fardo para a Terra, empossando no trono os pandavas seus primos aqui na Terra e grandes devotos. A população tende a seguir os grandes homens e, assim, os materialistas foram derrotados e os devotos passaram a governar a Terra.

Com a batalha de Kurukshetra, Krishna removeu imensos exércitos de reinos materialistas, aliviando o fardo da Terra, protegendo os pandavas e seus associados devotos do Senhor, entronando-os e reestabelecendo, assim, os devotos e a religião. Após vencerem a batalha de Kurukshetra, da qual os principais reinos participaram, o caminho estava livre para os pandavas.

Eram cinco, os irmãos pandavas, a saber: Yudhisthira, Bhima, Arjuna, Nakula e Sahadeva. Yudhisthira, o mais velho, ficou estabelecido como rei na capital. Os demais irmãos, após a batalha, partiram cada um para uma das quatro direções do globo terrestre, conquistando todos os territórios e reinos existentes na época. Eles conquistaram todo o subcontinente indiano, além do sudeste asiático, até o Oriente Médio, indo também além, ao norte dos Himalayas, na região central da Ásia.

Krishna chamava Arjuna de Partha, pois ele era filho de Pritha, também conhecida como Kunti. Mas se os demais pandavas também eram filhos de Pritha, por que Krishna chamava somente Arjuna de Partha?

Toda história da batalha de Kurukshetra é narrada no *Mahabharata*, grande épico de onde foi extraído o *Bhagavad-Gita*, uma das 18 partes do épico. O *Mahabharata* nunca foi traduzido totalmente para o inglês ou português, somente o *Bhagavad Gita* e resumos. Segue um breve relato da origem dos pandavas e do termo Partha, que deu origem à civilização Partha, da Pártia, precursora da Pérsia.

Shantanu era o rei e, quando morreu, Chitrangada assumiu o trono, uma vez que Bhisma, o filho mais velho, havia feito uma promessa de não ter filhos e nem assumir o trono quando da sucessão do pai. Chitrangada morreu em batalha sem deixar herdeiros, sendo sucedido pelo irmão mais novo, Vichitravirya, que se casou com as belíssimas Ambika e Ambalika. O rei adoeceu e morreu sem deixar herdeiros, uma grande calamidade para o reino, pois Bhisma, o mais velho dos irmãos, por conta de sua promessa, não podia assumir o trono vago.

Acontece que a esposa de Shantanu, Satyavati, mãe dos dois reis falecidos, antes de casar-se com Shantanu e tornar-se rainha, era filha de um pescador e ajudou o sábio Parashara a cruzar os rios para chegar a uma arena de grande ritual religioso que estava para acontecer e o sábio estava atrasado. Este ficou muito satisfeito com a moça e deu-lhe uma benção de ter um filho sábio, o que ela usou prontamente. O filho sábio era Vyasa, o compilador dos *Vedas* e dos *Puranas*.

Satyavati, por ainda ser solteira na época, tinha mantido esse fato em segredo até então, mas o revelou a Bhisma. Vyasa, por ser filho da rainha e, portanto, herdeiro do trono, foi procurado para resolver o problema de sucessão do trono e gerar filhos com Ambika e Ambalika, as viúvas do rei sem herdeiros.

Vyasa era um grande sábio devotado à vida espiritual. No momento em que foi procurado, ele realizava severas penitências e disse que não podia ser incomodado, somente após o término das penitências, o que ainda levaria algum tempo. Após insistências de Bhisma, o sábio aceitou interromper suas penitências e ter com as viúvas. Entretanto, devido às severas penitências a que foi submetido, ele estava muito magro. Sua pele estava enrugada e seus ossos aparentes. Seu cabelo estava muito comprido e desgrenhado, seus olhos estavam fundos e sua barba longa. Sua aparência era horrível.

A primeira a ter com Vyasa foi Ambika. Ao ver o sábio, a rainha assustou-se e fechou os olhos. Essa atitude da rainha fez com que o sábio a advertisse de que a criança, Dhritarastra, iria nascer cega e, por isso, não poderia assumir o trono, uma vez que a função básica de todo o rei é proteger o reino e liderar os exércitos no caso de uma batalha, e um cego não poderia guerrear.

A segunda a ter com Vyasa foi Ambalika. Ao ver o sábio ela ficou pálida de susto. Mais uma vez, o sábio advertiu a rainha e disse que a criança seria pálida e doente, não tendo o vigor necessário para um rei. Assim, Satyavati pediu que Ambika procurasse Vyasa mais uma vez, para que pudesse ter um filho capacitado para o trono. Ambika arrumou sua dama de companhia com seus próprios adereços, para que se parecesse com a rainha, e a colocou no quarto com Vyasa em seu lugar. A dama de companhia teve uma atitude de muita humildade e respeito para com o sábio e, então, nasceu Vidura, sábio e saudável.

Pandu significa pálido, porém, apesar de sua aparência pálida e frágil, o filho de Ambalika, Pandu, pôde assumir o trono. Ele era um excelente administrador, erudito e hábil no arco e flecha. Ele casou-se com Kunti e Madri. Certa vez, ele estava caçando na floresta e avistou um casal de cervos em passatempos amorosos. Ao alvejar os animais, Pandu foi surpreendido, pois, na verdade, era o sábio Kindama e sua esposa que estavam experimentando passatempos amorosos na forma de cervos. O sábio assumiu sua forma original e amaldiçoou Pandu, dizendo que no dia em que tivesse relação sexual com suas esposas ele morreria. Pandu ficou muito abalado e partiu para a floresta, retirando-se do trono em austeridade para purificar-se do pecado que cometera. Suas esposas o acompanharam, ficando interinamente no trono seu irmão mais velho e cego, Dhritarastra.

Apesar de ser o mais velho, Dhritarastra havia cedido a coroa a Pandu por ser cego e, por isso, não poder empunhar uma arma e liderar o exército no campo de batalha, função primordial de um rei. Ele assumiu o trono interinamente, até que houvesse um herdeiro para assumir o trono, uma vez que Pandu não poderia mais fornecer herdeiros, devido à sua maldição.

Durante a vida retirada na floresta, Pandu ficou muito triste por não poder ter herdeiros. Gandhari, esposa de Dhritarastra, ficou grávida. Pritha, esposa de Pandu, também conhecida como Kunti, revelou ao marido um segredo que guardava desde a juventude.

Kunti era irmã de Vasudeva, o pai de Krishna. Na sua juventude, o sábio Durvasa visitou a residência do rei, pai de Kunti, e foi muito bem servido por ela, uma grande devota, deixando-o muito satisfeito. Durvasa presenteou Kunti com um mantra que permitia que ela invocasse os deuses para que tivesse um filho com o deus que desejasse. Kunti revelou esse segredo ao seu marido. Pandu pediu, então, que ela invocasse Yamaraja, o deus da morte, muito justo e sereno. Assim nasceu Yudhisthira, o mais velho, justo e veraz dos pandavas. Ele também era conhecido como Satyaraja, rei da verdade, pois nunca mentia. Depois, Pandu pediu que Kunti invocasse Vayu, o deus do vento, o mais forte dos deuses e, assim, nasceu o grandioso Bhima, muito forte e corpulento. Pandu permitiu que Kunti escolhesse um deus de sua preferência para ter o terceiro filho, assim, ela escolheu Indra, o rei dos deuses, o deus do trovão e das chuvas, nascendo Arjuna. Depois, ela cedeu o mantra à outra esposa de Pandu, Madri, que invocou a Chandra, deus da Lua, nascendo os belíssimos gêmeos Nakula e Sahadeva, peritos nas artes. Em certo momento, Pandu sentiu-se muito atraído pela belíssima Madri e teve relações sexuais com ela, morrendo no ato juntamente com sua bela esposa.

Por Arjuna ser o único filho que nasceu de uma escolha de Pritha, ele era o único chamado por Partha. Yudhisthira nascera antes que Gandhari desse à luz, apesar de ter sido gerado depois. Na verdade, o tempo do parto passou e a criança não nascia. Gandhari também tinha recebido uma benção do sábio Vyasa, após excelentes serviços prestados. Ela pediu ao sábio que pudesse ter cem filhos, tão poderosos quanto o marido. Dhritarastra era cego, mas muito forte. Ele podia entortar uma barra de ferro com as mãos. Quando engravidou, a criança não nascia. Dois anos passaram-se e Yudhisthira, que havia sido gerado depois, já tinha nascido.

Finalmente, Gandhari deu à luz uma bola de carne sem vida. Desiludida, ela já estava disposta a jogar fora aquele pedaço de carne quando o sábio Vyasa surgiu e a orientou a dividir aquele pedaço de carne em cem pedaços e colocá-los em cem vasos com *ghi*, óleo extraído da manteiga, em um processo semelhante a uma incubação. Desse modo, cresceram os cem *kauravas* e as inimizades entre *kauravas* e pandavas sobre a sucessão do trono, o que culminou, anos depois, na batalha de Kurukshetra.

4.8 ORIGEM DA HISTÓRIA

A *Pérsia* surgiu em uma área em que outrora fora reino dos pandavas. Essa região, onde atualmente é o Irã, é considerada o berço da raça ariana. Todos os *yadus* eram arianos. O termo ariano refere-se não só a uma etnia, mas a uma questão de pureza espiritual. Os arianos são aqueles que seguem os princípios da religião, são os devotos espiritualistas, ao contrário dos materialistas. Acontece que, naquela época, a civilização era concentrada nessa região e, consequentemente, os devotos espiritualistas também, sendo que o termo ariano pode referir-se também à etnia persa, à iraniana e à dos primeiros judeus, a pessoa de pele clara, cabelos negros e traços fortes.

Figura 44 – Iranianos de Teerã e israelenses de Jerusalém[23]

Fonte: fotografias de Alexander Popkov e Juanalbertocasado. Disponíveis em: https://pt.dreamstime.com/iranianos-amig%C3%A1veis-em-tehran-os-tomam-uma-ruptura-da-refei%C3%A7%C3%A3o-e-est%C3%A3o-levantando-para-foto-image143300376 e https://pt.dreamstime.com/um-rabino-enlouquece-grupo-de-judeus-ortodoxos-na-antiga-cidade-jerusal%C3%A9m-israel-maio-rabi-harangues-ap%C3%B3s-protesto-no-templo-image159018472. Acesso em: 27 jun. 2021

O próprio termo Irã, ou Irão, significa "terra dos arianos". Já o termo Pérsia vem de Pártia ou terra dos Parthas. Ambos os termos determinam que essa região pertenceu outrora ao reino dos pandavas. Todas as religiões ocidentais tiveram origem nesse povo. Primeiro os judeus, depois os cristãos e, por último, os muçulmanos. Essas três religiões originaram-se da cultura védica ariana, exatamente da mesma forma que as religiões orientais, como o hinduísmo e o budismo.

Os judeus, com o tempo, miscigenaram-se com os povos europeus mais claros e com os povos da Península Arábica e africanos. Na época dos pandavas, os materialistas eram chamados de *assuras*, que significa ateu, demônio ou servo dos demônios. Os assírios são os descendentes dos *assuras*, pois não eram considerados arianos e nem seguiam os preceitos védicos. O povo ariano conquistou toda a região e espalhou-se pelo Oriente Médio há milênios e, por isso, os judeus, ao fugirem do Egito, consideraram aquela a terra natal deles.

---

[23] Ambos são fisicamente muito parecidos e possuem a mesma ascendência. O traço característico da etnia ariana é a pele branca e o cabelo negro encaracolado. De Israel ao norte da Índia, essa é a etnia predominante. O termo foi posteriormente apropriado indevidamente pelos nazistas, assim como a suástica, um símbolo milenar fortuna. Nem suástica e nem a etnia ariana, originalmente, têm nada a ver com o nazismo, que se apropriou desses símbolos, bem como com os símbolos do antigo Império Romano, para legitimar-se.

Conforme já estudamos em capítulos anteriores, existem dimensões sutis, com criaturas sutis, que podem estar em sistemas planetários superiores, ou céu, ou sistemas planetários inferiores, ou inferno. Tudo isso está localizado dentro do Universo, diferente do Mundo Espiritual, transcendental ao céu e ao inferno materiais. Esses locais são ocupados por deuses e demônios. Ambos têm a mesma origem. Por isso Lúcifer é tratado com um anjo caído que virou líder dos demônios.

Em outras mitologias e em diferentes culturas, o termo *assura* pode ser *aesir*, *ahura*, tudo para se referir às mesmas criaturas, anjos e diabos. Diferente do que pensam, demônios não são necessariamente criaturas horrorosas. A diferença básica entre um demônio e um devoto é que os demônios querem controlar a natureza, controlar uns aos outros. Em resumo, são materialistas e têm inveja de Deus e seus devotos ou não admitem a existência de um Deus Supremo. Consideram-se a si próprios os senhores do mundo. Já os devotos reconhecem a autoridade de Deus e sabem que nada existe sem Ele e que a função do ser vivo é servir à Suprema Personalidade de Deus.

Os habitantes dos planetas infernais podem ser tão poderosos quanto os habitantes dos planetas celestiais, só que Deus está sempre do lado dos seus devotos e, por isso, o mal nunca prospera. Se o mal parece prosperar é porque ainda não chegou ao fim. Abordaremos esse assunto detalhadamente mais à frente.

4.9 RESIDÊNCIA DE KALI

Parikshit Maharaj era neto dos pandavas e assumiu o trono no lugar deles quando chegou a hora. Certa vez, Parikshit viajava pelas fronteiras de seu reino e avistou uma criatura escura e baixa, vestido de rei, cortando as patas de um touro. Três patas já haviam sido cortadas e o falso rei se preparava para, covardemente, amputar a quarta pata. Parikshit imediatamente sacou sua espada e se preparou para punir com a morte a agressão covarde, porém, a criatura, Kali Maharaja, rendeu-se a Parikshit, que não poderia mais matá-lo, de acordo com as leis marciais. Parikshit entendeu que aquilo era um sinal dos tempos.

Antes de mais nada, é preciso esclarecer que as características de Kali Maharaj não são necessariamente físicas e, sim, morais. Kali é escuro porque representa a ignorância, a ausência da luz divina. É baixo porque não tem estatura moral ou virtude. Por isso, Kali não poderia ser um rei, mas estava vestido como um. Esse é um dos principais sintomas de *kali-yuga*, a era de Kali – as pessoas são desqualificadas para as principais funções da sociedade.

Parikshit Maharaj entendeu que Kali Maharaj é o senhor de *kali--yuga* e que havia chegado a hora do seu reinado. O touro é Dharma, a religião, e ao seu lado estava uma vaca, Bhumi, a Terra. Parikshit compreendeu que a religião, então, sustentar-se-ia em seu último pilar, a Verdade. A Terra – e toda humanidade – também estava enfraquecida devido à irreligião.

Kali Maharaj clamou pela misericórdia de Parikshit, que a concedeu. Parikshit disse a Kali que ele poderia viver fora dos limites do seu reino. Kali retrucou que o reino de Parikshit se estendia por toda a Terra. Este, então, permitiu que Kali vivesse onde prevalecessem a irreligião, o ateísmo. Kali retrucou mais uma vez, dizendo que no reino de Parikshit não existia tal lugar. Diante disso, Parikshit permitiu que Kali vivesse nos locais onde as pessoas praticassem as quatro atividades que sustentam os quatro pilares da irreligião, a saber: jogos de azar, sexo ilícito, matança de animais e intoxicação. Mais uma vez, Kali informou ao rei que em nenhum lugar do reino as pessoas agiam dessa forma. Por fim, Parikshit cedeu e permitiu que Kali vivesse onde havia o acúmulo de riqueza. Portanto, kali-yuga e seus sintomas começam com o acúmulo de riqueza.

Onde há acúmulo de riqueza, as pessoas passam a agir das quatro formas da irreligião. Quando abandonam a austeridade por conta da opulência que alcançaram, as pessoas têm a tendência a consumirem entorpecentes, como bebidas e ervas. A ervas são utilizadas em cerimônias ritualísticas para que os sacerdotes alcancem poderes sutis. Diversos produtos como frutas, cereais, cores, ervas, plantas e animais são oferecidos nesses rituais. Quando o animal é oferecido aos deuses em rituais é permitido que na sua próxima vida, esse animal assuma uma nova forma de vida, podendo, inclusive, evoluir diretamente para a forma humana de vida, ou seja, a existência do animal é purificada – isso quando o ritual é realizado adequadamente.

Tudo que é oferecido no fogo do sacrifício é consumido depois pelos participantes, pois é sagrado, uma vez que foi oferecido e aceito pelos deuses. As pessoas passaram a desejar consumir carne e a fazer sacrifícios como desculpa, somente para suprirem seu desejo de comer carne de animal. Daí a origem dos churrascos e da criação de animais para abate.

A vaca produz leite suficiente para seu bezerro e para o ser humano. Do leite, a pessoa pode extrair diversos produtos lácteos como óleo (*ghi*), iogurte, coalhada, queijo, manteiga, creme etc. Esses produtos, combinados com os cereais, frutas e vegetais, produzem toda a gama de alimentos que o ser humano precisa.

O touro, por outro lado, é um trator natural. Ele pode ser utilizado para arar a terra e para transportar os produtos e as pessoas. Não há necessidade alguma em se matar animais para consumir a carne. Na verdade, com a população da Terra chegando a oito bilhões, não há espaço físico e nem água suficiente no planeta para se criar tantos animais para que cada ser humano consuma carne como um norte-americano ou brasileiro, por exemplo. A Terra, Bhumi, está sobrecarregada novamente.

Quando o Senhor Supremo percebeu que as pessoas se utilizavam das escrituras para praticar a matança de animais, Ele descendeu como Buddha, há cerca de 2.500 anos. Buddha diz que se as escrituras ensinavam as pessoas a matarem animais, então as escrituras deveriam ser abandonadas. Ele ensinou as pessoas a controlarem a mente, a praticarem a não violência, a seguirem os quatro princípios da religião, para se situarem no modo da bondade e, assim, atingirem o *nirvana*.

Tudo é uma questão de tempo, lugar e circunstância. O problema não estava nas escrituras e, sim, nas pessoas. A prática de rituais é a característica da religião de *dwapara-yuga*. Em *kali-yuga*, as pessoas não têm qualificação para isso e, portanto, devem abandonar a prática de rituais. As cerimônias sagradas e os sacrifícios não podem ser utilizados de forma banal ou por pessoas desqualificadas.

Figura 45 – Tien Tan Buddha, em Hong Kong

Fonte: fotografia de Konstantin Sutyagin. Disponível em: https://pt.dreamstime.com/fotos-de-stock-royalty-free-buddha-image17327208. Acesso em: 27 jun. 2021

O consumo de carne e a matança de animais tornam a pessoa inclemente e, assim, o pilar da compaixão é perdido. Ao se intoxicarem e consumirem carne, naturalmente as pessoas buscarão outras formas de prazeres carnais para se satisfizer. A mente nunca está satisfeita. Ao realizar um desejo, a mente, sempre inquieta, já passa a ficar ansiosa pelo próximo.

O próximo passo da sociedade é, naturalmente, a prática de sexo ilícito, o que faz com que as pessoas se tornem impuras. Da prática sexual desenfreada surge população indesejável, desqualificada e doenças. A população indesejável surge de famílias desestruturadas. O sexo ilícito faz com que as mulheres engravidem sem terem qualquer condição de criar o filho. Abortos, adultério, prostituição, promiscuidade e infertilidade são outros aspectos do sexo ilícito. Assim, o último pilar da religião que ainda sustenta a humanidade é o da Verdade.

Ainda temos acesso à Verdade no nosso atual estágio civilizatório. Em cada época, diferentes mestres vieram para nos orientar no caminho da Verdade. Ainda existem pessoas honestas no mundo. Quando perdermos esse último pilar devido ao aumento da população indesejável, do cultivo da ignorância, nada mais restará e a humanidade se consumirá como selvagens animais lutando por migalhas e por sobrevivência. O canibalismo será a regra. O cultivo da ignorância leva à loucura e à perda da memória.

PARTE V
ERA DOURADA

5.1 CRISTIANISMO

Para que a Era Dourada fosse implementada na sociedade humana, alguns preparativos se faziam necessários. Após cerca de dois mil anos de *kali-yuga*, o Senhor Buddha apareceu para orientar as pessoas no caminho da não violência e da bondade, e cinco séculos depois veio Jesus Cristo, com o mesmo propósito.

Mestres espirituais autênticos reconhecem que Jesus Cristo é um avatar do Senhor Brahma. Por isso, Jesus se identifica como o filho do Senhor Supremo. Na analogia que descreve a criação do universo, é dito que Brahma nasce do lótus que brota do umbigo de Vishnu. Brahma – e tudo no universo – surge a partir de Vishnu, portanto, Brahma é filho de Vishnu. Esse lótus, também chamada de o grande ovo dourado, nada mais é do que o Big Bang descrito pelos cientistas. A explosão descrita no Big Bang seria comparada ao ovo abrindo ou ao lótus desabrochando.

Acontece que o próprio Senhor Brahma, nesse universo particular em que vivemos, é um avatar do Senhor Supremo. Sempre que não há um ser vivo qualificado para cumprir alguma função específica no universo, o próprio Senhor Supremo assume essa função. Esse o caso do nosso Brahma. Portanto, Jesus é o filho, mas é também o próprio Krishna encarnado.

Seus discípulos entenderam esse fato e por isso o chamaram de Senhor Krishna, ou Jesus Cristo na tradução em latim feita posteriormente. Não sabemos qual era seu nome de nascença, o fato é que ele foi reconhecido por seus pares como avatar do Senhor Krishna, e foi com esse nome que ele ficou conhecido mundialmente como mestre espiritual de toda a humanidade.

Jesus, era ele próprio um judeu, portanto, *yadu* descendente da família do Senhor Krishna. Existem registros sobre sua passagem pela região onde hoje é a Índia e o Nepal. Jesus peregrinou pelo Oriente e teve acesso a toda filosofia oriental. Alguns filósofos defendem que Jesus era essênio. Os essênios eram um povo asceta que vivia nas proximidades do

Mar Morto, na Judeia, onde hoje é a Cisjordânia. Eram monges que cultivavam o conhecimento e abrigaram e conservaram muitos textos antigos, que abrangiam todo o conhecimento filosófico da época, do Egito à Índia. Muitos desses textos foram localizados e recuperados recentemente, em meados do século XX, no sítio arqueológico de Qumran.

Jesus era versado em filosofia, peregrinou pelo mundo adquirindo conhecimento e cumprindo todas as etapas de vida de um mestre espiritual, a saber: estudo das escrituras, peregrinação, austeridade, renúncia da vida material e dedicação à vida devocional espiritual. Quando Jesus retornou à Judeia, ele renunciou à vida material em sociedade e se dedicou integralmente à vida espiritual e aos seus discípulos.

Um dos conhecimentos milenares ao qual Jesus teve acesso é a técnica de *mudras*. Já abordamos a questão dos *chakras*, sobre como nosso corpo possui milhares de canais energéticos e que os locais onde esses canais se cruzam chamam-se *chakras*. Além dos sete *chakras* principais existem muitos outros *chakras* menores.

Nossas mãos são importantes centros energéticos. Nós temos *chakras* nas palmas das mãos e nas pontas dos dedos. A energia flui pela nossa perna esquerda para a Terra, e a energia telúrica, da Terra, retorna ao nosso corpo pela perna direita, subindo pelo corpo, passando por todos os órgãos e saindo pela mão direita. A energia solar entra no nosso corpo pela mão esquerda. Estamos conectados com todo o fluxo energético cósmico. Todas as posições de *hatha-yoga* utilizam-se desse conhecimento para canalizar o fluxo energético de diferentes maneiras, dependendo do objetivo. Portanto, recebemos e enviamos energia pelas mãos. Diversas técnicas se utilizam desse conhecimento e a técnica de *mudras* é uma das mais antigas.

Figura 46 – Jesus Cristo fazendo seu famoso *mudra* para abençoar e curar[24]

Fonte: ilustração de Peeterson. Disponível em: https://pt.dreamstime.com/foto-de-stock--royalty-free-jesus-cristo-image27641065. Acesso em: 29 jun. 2021

---

[24] Esse *mudra* é realizado com os dedos polegar, indicador e médio da mão direita apontados para cima e os outros dois recolhidos. Pode-se colocar os dedos da mão esquerda sobre o coração, a fonte, onde está o Pai, a Superalma; também, espalmar a mão esquerda em direção à pessoa, ao local ou ao objeto que se deseja abençoar/curar; ou, ainda, segurar o objeto que se deseja abençoar na mão esquerda e apontar a mão direita para o objetivo da benção. Nesse *mudra*, a mão esquerda funciona como polo negativo, recebendo a energia da fonte criadora para potencializar a benção, ou do objeto a ser abençoado para neutralizar a energia do objeto. A mão direita é o polo positivo, que envia a energia para o objetivo da benção. Observe sempre que puder os *mudras* de imagens sacras, como Buddha e outros deuses do hinduísmo, e Jesus Cristo e outros santos do catolicismo. O poder efetivo desse *mudra* depende do poder espiritual da pessoa que o executa.

Jesus curava com as mãos. Ele e outras figuras cristãs foram representados por diferentes artistas, em diferentes épocas, executando *mudras*. Quando apresentamos a palma da mão direita para alguém como aceno, estamos enviando nossa energia para aquela pessoa. O mesmo ocorre quando apertamos as mãos direitas ao nos cumprimentarmos. Quando oramos de mãos postas, essa postura das mãos também é um *mudra*, no qual fechamos nosso circuito energético ao unir os dois polos (palmas), colocando todas as pontas dos dedos para cima, canalizando toda nossa energia para os planos superiores. Quando uma pessoa está tentando raciocinar, concentrar-se, algumas vezes ela une as pontas dos dedos, o que é um *mudra* para concentração e clareza das ideias, pois permite que a energia flua pelo corpo.

Estudar os *mudras* permite que a pessoa cure seu corpo, mantenha sua mente clara e perspicaz, aguça os sentidos e a fala, permite que a pessoa se proteja, tanto espiritual quanto fisicamente, além de permitir a benção e a proteção de objetos e pessoas e, até mesmo, a cura.

A potência e o sucesso da realização dos *mudras*, bem como de qualquer outra técnica que se utilize das energias sutis, depende da qualidade e da quantidade de energia armazenada pela pessoa executante. Existe uma qualidade de sacerdote chamada de *naishtika-bramachari*, que são aqueles que controlam seus sentidos, que são capazes de realizar severas penitências e que optam pela vida celibatária por toda a vida. Os quatro *kumaras* filhos de Brahma, por exemplo, são *naishtika-bramacharis*. Eles são capazes de viver toda a vida sem nunca derramarem uma gota de sêmen. O sêmen é energia vital. Essa qualidade de sacerdote possui grande poder espiritual.

O milagre só existe aos olhos daqueles que não conhecem a técnica. Milagre é o nome que alguém dá para algo para o qual não se consegue dar explicações. Bartolomeu Bueno da Silva era um explorador paulista, um bandeirante, que desbravou o território onde hoje é o estado de Goiás. O estado tem esse nome devido aos indígenas que ali viviam, *Goya* ou *goyazes*.

Os índios usavam ornamentos de ouro. Bartolomeu, então, para pressionar os índios a lhe informar onde encontrar o ouro, colocou fogo em uma porção de álcool e disse que se os índios não lhe contassem onde poderia extrair mais ouro, ele colocaria fogo nos rios. Os índios ficaram assustados com aquilo e chamaram o bandeirante de *Anhanguera*, que significa diabo velho.

Para os índios isso foi um milagre. Eles não conheciam o álcool, portanto, desconheciam a técnica empregada por Anhanguera de colocar fogo na água. Jesus Cristo possuía imenso poder espiritual e, por isso, pôde realizar todos os "milagres" pelos quais ficou famoso, porém, as técnicas utilizadas por ele estão ao alcance de todos.

O mais triste é observar a maneira como, hoje em dia, alguns que se dizem cristãos se dirigem e se referem às religiões orientais, alguns chegam a tratá-las como "coisa do demônio", mas são essas religiões, essas mesmas filosofias, que embasaram tudo que Jesus Cristo fez e ensinou.

5.2 O CAMINHO DA DEVOÇÃO ESPIRITUAL

O mais importante na vida de Jesus não são os milagres que ele realizou. Isso só serve para comprovar para os descrentes seu poder espiritual. O principal são os ensinamentos que ele deixou. Mesmo que ele não tivesse realizado qualquer milagre, pelos ensinamentos e pelo exemplo de vida que ele deixou, ele já seria um autêntico mestre espiritual. Jesus nos ensinou o caminho da bondade, da compaixão, da misericórdia, do amor a Deus e ao próximo.

Tu és Pedro e sobre esta pedra edificarei a minha Igreja,
E as portas do Inferno não prevalecerão contra ela!

(Bíblia Sagrada – Mt 16:18).

Quando Jesus perguntou aos apóstolos quem eles achavam que ele era, Simeão respondeu afirmativamente que ele era o filho de Deus, Krishna. Provavelmente, foi a partir daí que Jesus Cristo passou a ser conhecido por esse nome, a partir de sua crucificação. Jesus ficou satisfeito com a resposta de Simeão e declarou a frase supracitada, nomeando-o Pedro.

Nas religiões orientais é comum, quando o mestre inicia seu discípulo na vida espiritual, dar um nome para ele. O discípulo, então, abandona seu nome de nascença, seu nome material, social, e passa a utilizar o nome espiritual dado pelo mestre. Esse é mais um exemplo de como Jesus seguia os padrões da filosofia milenar e da linha de sucessão discipular.

Essa pequena frase de Jesus traz ainda mais significados. Nela, ele afirma que ao seguir os ensinamentos do mestre, o discípulo estará protegido do mal, da tentação, e terá a liberação da vida material. A pessoa engajada na vida materialista fica enredada em sucessivos nascimentos e mortes. Dependendo de suas atividades em vida, a pessoa deverá visitar os sistemas planetários superiores (céu) ou inferiores (inferno) para cumprir com o *karma* acumulado. Ambos os sistemas estão dentro do universo material.

Quando a pessoa se dedica à vida espiritual, tudo que ela faz é para o mestre espiritual. O princípio da vida espiritual é a servidão aos devotos do Senhor. Ao agir somente para a satisfação do mestre, a pessoa não acumula *karma*, pois o *karma* nada mais é do que as reações acumuladas pelas ações materiais da pessoa, ações essas voltadas para a satisfação pessoal. Vida material é vida egoísta.

Uma ação na devoção espiritual não gera *karma* algum, pois a pessoa não age em proveito pessoal, ela age em servidão ao mestre espiritual e aos devotos do Senhor. Além disso, quando o mestre espiritual aceita o discípulo e o inicia na vida espiritual, todo o *karma* acumulado anteriormente pelo discípulo é neutralizado pelo mestre. Portanto, ao permitir que o mestre espiritual edifique sua igreja sobre o discípulo, a pessoa fica livre das condições infernais de vida.

Gopi-bhartur pada-kamalayor dasa-dasa-dasanudasah: só me identifico como o servo do servo do servo dos pés de lótus do Senhor Gopinatha (Krishna, o mantenedor das *gopis*) – esse é o verdadeiro espírito do discípulo. O *Sri Chaitanya Charitamrta* narra a vida e os ensinamentos do Senhor Chaitanya Mahaprabhu, o precursor do Movimento Hare Krishna e da Era Dourada. A leitura desse livro, especialmente da tradução comentada de Srila Bhaktivedanta Swami Prabhupada, é muito recomendada para o aspirante à vida espiritual.

Outrossim, Jesus estabelece nesse verso que sua Igreja é o corpo do devoto. Nem Jesus, nem Buddha, nem Chaitanya Mahaprabhu fundaram nenhuma instituição religiosa, nem criaram nenhuma seita. Eles apenas deram exemplos de vida e ensinaram seus discípulos no caminho da devoção. Onde quer que o homem santo esteja, aquele é um local santo. Onde as pessoas estiverem reunidas falando sobre as glórias do Senhor, ali é um local sagrado. Portanto, o caminho da devoção é individual. Deus está no coração de todos, como *Paramatma* ou Superalma. Ao trilhar o caminho da devoção, a pessoa purifica o coração, descontamina-se do pecado e, assim, Deus, no nosso coração, auxilia-nos e nos orienta no caminho espiritual.

Todo devoto é uma pedra do Templo do Senhor. Quando os devotos estão reunidos em devoção espiritual, ali está a Igreja do Senhor. A igreja, a religião, não é um prédio, uma construção ou uma instituição, ela é a devoção dos devotos.

Onde dois ou mais estiverem reunidos em meu nome,
Ali estarei Eu entre eles!

(Bíblia Sagrada – Mt 18:20).

Jesus precisava estabelecer esses princípios no Ocidente. A população precisava ter acesso aos princípios devocionais para que a Era Dourada fosse estabelecida, e essa foi a grande missão de Jesus Cristo, ou seja, trazer ao Ocidente a devoção amorosa ao Senhor Supremo, para que todos possam limpar a sujeira acumulada no coração devido ao materialismo, fazendo com que o coração, sujo como um carvão, cheio de pecados, volte a ser como um diamante a receber e transmitir a energia divina.

5.3 A FILOSOFIA COMO BASE DA HUMANIDADE

Para o estabelecimento da Era Dourada, os princípios do serviço amoroso ao Senhor precisavam se espalhar por todo mundo. Diferentes povos, com diferentes culturas, precisavam se entender, compreender os mesmos princípios e parar de olhar uns aos outros com desconfiança, medo e inimizade. "Deus escreve certo por linhas aparentemente tortas".

Após a partida de Jesus Cristo, seus discípulos se puseram a pregar a palavra do Senhor, espalhando-a pelo mundo. Em certo momento, o Império Romano percebeu que não tinha mais como derrotar os cristãos e, dessa forma, decidiu transformar o cristianismo em religião oficial do Império.

Durante os séculos IV e V, foram realizados diversos concílios, que nada mais eram do que assembleias políticas, nos moldes das que já aconteciam no senado romano, convocadas pelo Imperador de Roma, para que os bispos cristãos organizassem os dogmas de sua fé. Os romanos, ao perceberem que não podiam vencer os cristãos, passaram a adular e a conceder poderes aos seus líderes, os bispos, por intermédio desses concílios.

O imperador romano reunia os bispos, concedia-lhes poder político e fazia com que organizassem a fé cristã de acordo com o que era interessante ao Império Romano. Não demorou para o cristianismo tornar-se a religião oficial do Império Romano. A Igreja foi utilizada como instrumento de poder e dominação. A busca pelo conhecimento só era permitida dentro dos limites impostos pela Igreja. Os cristãos passaram a perseguir os demais, da mesma forma como foram perseguidos nos primórdios do cristianismo.

Figura 47 – Império Sassânida, último Império Persa antes do surgimento do Islão. Destaque para a Península Arábica não conquistada

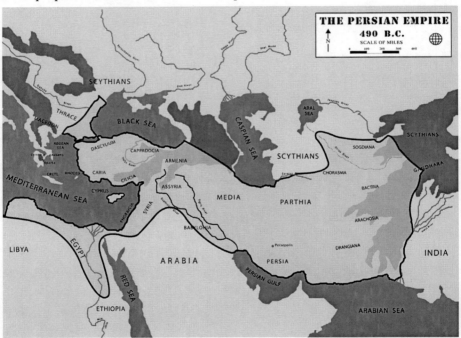

Fonte: ilustração de Fabrizio Mariani. Disponível em: https://pt.dreamstime.com/imagem-de-stock-mapa-persa-do-imp%C3%A9rio-detalhado-image8521871. Acesso em: 29 jun. 2021

Foi nesse contexto que, na Península Arábica, durante o século VII, surgiu o Islamismo. A Península Arábica é uma região desértica e os assentamentos se desenvolveram na região costeira, em ambos os lados, por onde passavam as rotas comerciais entre o Mediterrâneo, o Oriente Médio e a Índia. A região de Meca e Medina, onde surgiu o Islão, nunca foi conquistada por nenhum grande império da Antiguidade.

Portanto, em termos filosóficos e civilizatórios, aquela região ainda era primitiva. Era uma região tribal, com códigos de conduta tribais e religião primitiva baseada nas forças da natureza. Enquanto o Oriente já era uma civilização avançada, com a filosofia védica e o budismo, e o Ocidente despontava como novo berço da civilização, com os Estados Europeus sendo formados sob a Igreja Católica, a Arábia, apesar de ser um importante entreposto comercial e estar, praticamente, no "meio" desses dois mundos, ainda era um local primitivo. Havia ali, portanto, um vácuo filosófico-civilizatório que foi preenchido por Maomé.

O Islão não pode ser visto apenas como religião, assim como a Igreja Católica não é apenas uma instituição religiosa e, tampouco, a filosofia védica é apenas um código filosófico. Todos esses códigos filosóficos--religiosos lançaram as bases políticas para o florescimento de grandes civilizações. Eles permitiram que grandes grupos humanos, antes dispersos em tribos, fossem reunidos em uma grande civilização, trabalhando em cooperação, cada um cumprindo seu papel (HARARI, 2018).

Já vimos que cada forma de vida cumpre uma função específica, chamada *dharma*. *Dharma* é, muitas vezes, traduzido como "religião". Porém, *dharma* significa função característica. Uma árvore cumpre seu *dharma* naturalmente, por exemplo, ao dar frutos e proteção à terra; ao fim da vida, a alma dentro da árvore evolui espontaneamente para uma forma de vida superior. A abelha também cumpre seu *dharma* naturalmente, ou seja, polinizar as plantas e produzir o mel. Nenhuma abelha ou árvore foge do seu *dharma* e, assim, elas evoluem na *samsara* da vida condicionada material.

Ao chegar à forma de vida humana, o *dharma* do ser humano é justamente entender sua constituição original como *jiva*, entender que ele não é o corpo material e, sim, uma substância transcendental à matéria. Essa busca pela Verdade, esse questionamento, isso é a verdadeira filosofia e, também, a verdadeira religião. Esse é o *dharma* do ser humano.

A filosofia é a base da humanidade. Quando o ser humano abandona a filosofia ele se torna elegível a retornar às formas de vida inferiores animais. Um animal também vive em sociedade, também se defende, também luta pela sobrevivência, relaciona-se, tem prole, afeto e disputas por hierarquia social. Todas essas atividades são animais. O que nos difere dos animais é justamente a nossa capacidade de abstração e compreensão da realidade para além da nossa existência.

Um animal é capaz de raciocinar e entender que se fizer o que o dono manda ele vai receber um petisco e se desobedecer ao dono ele pode ser castigado. Os animais possuem esse tipo de raciocínio. Mas eles não são capazes de fazer uma abstração mental e compreender que tanto ele quanto o dono não são aquele corpo material, mas almas espirituais iguais e que, na próxima vida, provavelmente, inverterão as funções em razão da lei do *karma*. Somente um ser humano é capaz de tal raciocínio. Entretanto, se o ser humano usa toda sua inteligência apenas para comer, ter relações sociais, defender-se a si e à sua prole, então ele não passa de um animal sofisticado e, provavelmente, na próxima vida receberá um corpo animal apropriado para executar essas atividades.

Figura 48 – Representação da Roda da Vida, *samsara*, em um templo na Tailândia

Fonte: fotografia de Cocosbounty. Disponível em: https://pt.dreamstime.com/foto-de-stock-
-s%C3%ADmbolo-religioso-do-ciclo-da-vida-na-religi%C3%A3o-budista-image81408079.
Acesso em: 29 jun. 2021

Portanto, a base do desenvolvimento civilizatório humano não é a riqueza ou a tecnologia, mas a filosofia. É ela que permite que a humanidade se organize de forma complexa e produza riqueza e tecnologia, mas, sobretudo, conhecimento superior. Sem esse conhecimento, que chamamos de religião, não haveria o conhecimento intermediário, a saber, a tecnologia e a riqueza. O conhecimento superior permite que a humanidade produza tecnologia e riqueza para que ela não precise gastar todo seu tempo e energia na mera sobrevivência, como um animal, e, sim, que seu tempo e energia possam ser concentrados no que realmente importa, a evolução espiritual.

Quando a humanidade abandona o conhecimento superior e foca apenas no conhecimento inferior, a técnica, ela se perde e se autodestrói. Se alguém entregar uma metralhadora para um macaco, provavelmente ele fará besteira e causará muitos danos. Ninguém permite que uma vaca controle os botões que lançam mísseis nucleares. A tecnologia e a produção de riqueza só funcionam de forma benéfica quando aliadas ao conhecimento superior. Se o ser humano abandona a busca pela Verdade e foca apenas na produção de tecnologia e riqueza, ele se torna um animal sofisticado. A partir daí, essa produção será utilizada apenas para dominação de um sobre outro, o que gera a destruição da humanidade e da Terra. A técnica precisa de uma direção, ela não pode ser um fim em si mesma. Tecnologia e riqueza são apenas os meios, não os fins. A finalidade da humanidade sempre será a evolução na vida espiritual.

Ainda faltava à Arábia um código filosófico avançado, para que a região progredisse como civilização, o que aconteceu graças ao profeta Maomé e à revelação do Islão, que proporcionaram as bases espirituais e materiais para que a região florescesse como a nova grande potência civilizatória, conquistando todos os territórios adjacentes.

5.4 CAZARES

Outro exemplo de como uma base filosófica avançada garante o avanço da civilização é a China. Alguns séculos antes de Cristo, Confúcio estabeleceu as bases filosóficas que garantiriam condutas éticas e morais que permitissem o florescimento de uma grande civilização na região. Alguns estudiosos consideram o confucionismo uma religião, porém, outros consideram apenas como um código filosófico de ética e moral.

Na mesma época surgiu o budismo na Índia. A Índia já era uma região avançada filosoficamente devido à cultura védica, assim, o budismo estabeleceu-se mais fortemente na região da China devido ao vácuo não preenchido pelo confucionismo. Portanto, o confucionismo garantiu as bases materiais e o budismo as bases espirituais para o florescimento da China, podendo ser considerados complementares um ao outro – e ambos surgiram cerca de quatro séculos antes de Cristo.

Portanto, a cultura védica na Índia, o confucionismo e o budismo no Extremo Oriente, o cristianismo no Ocidente e o islamismo no Oriente Médio e no norte da África garantiram que a civilização se desenvolvesse nessas regiões. No entanto, ainda faltava à Ásia Central um sistema filosófico avançado.

Figura 49 – A máxima extensão da Cazária no século IX

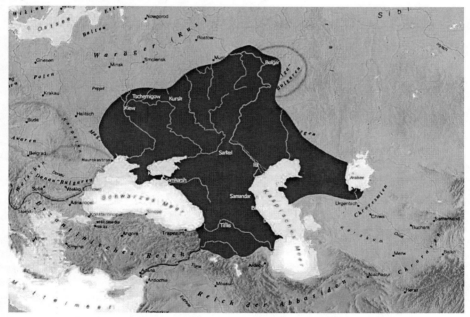

Fonte: Ilustração feita sobre mapa gerado no aplicativo Google Maps. Disponível em: https://www.google.com.br/. Acesso em 21 jun. 2021. Rafaela Radha, 2021.

A região ao norte do Cáucaso, assim como a Península Arábica, era um importante entreposto comercial entre Oriente e Ocidente. A região desenvolveu-se economicamente e militarmente, mas não filosoficamente. Os cazares, que viviam na região, perceberam que somente seriam considerados como uma civilização, ao invés de uma tribo, se também adotassem um código filosófico avançado. Eles ponderaram e chegaram à conclusão de que se adotassem qualquer um dos sistemas já adotados por outra grande civilização, restariam subordinados a ela. Na época, somente o judaísmo não possuía uma civilização própria. Então, os cazares se converteram ao judaísmo e se tornaram o Império Judeu, na região onde hoje é a Ucrânia e adjacências (KOESTLER, 2005).

O próprio termo *cazar* origina-se do sânscrito *kshatrya*, que significa a classe aristocrática, a nobreza, o rei, a classe militar e governante, a quem é permitida a cobrança de impostos em troca da proteção da população. Sabemos que a região foi conquistada pelos pandavas, todos grandes *kshatryas*. Não à toa, em diferentes impérios, em diferentes épocas e regiões, o termo continuou sendo utilizado – *xátria, cítia, czar, tzar, cazar, cézar, xá* etc.

Com a expansão dos mongóis, que conquistaram boa parte da Ásia, incluindo a China e a Cazária, os judeus cazares, com a invasão mongol no século XIII, fugiram para a Europa, espalhando-se e dando origem a boa parte dos judeus europeus, que sempre sofreram com a perseguição dos cristãos.

Por se tratar de um povo rico por ter se estabelecido como entreposto comercial, os judeus cazares desenvolveram o embrião do que se tornou o atual sistema bancário. Alguns deles obtiveram boa posição nas sociedades europeias em que se estabeleceram, pois financiavam os empreendimentos militares das nobrezas locais. Portanto, a perseguição que sofriam – e que até hoje ainda sofrem – dá-se por três motivos: o fato de serem um povo estrangeiro, o fato de terem cultura e religião diferentes da local e o fato de controlarem o sistema financeiro.

Muitos desses cazares converteram-se ao cristianismo para poderem ocupar uma posição social mais elevada, assumindo posição de nobreza e ocupando uma posição-chave nas Cruzadas e no desenvolvimento dos modernos estados europeus.

5.5 GÊNESIS

Entre o Chifre da África e a Península Arábica encontra-se o Golfo de Adão e, na costa, no Iêmen, há uma cidade chamada Adão (Aden). Do outro lado do golfo, na África, está a região onde os fósseis mais antigos da humanidade foram localizados. Essa região é considerada o berço da humanidade, onde surgiram os primeiros seres humanos. Ciência e religião concordam nesse ponto.

> *No Éden nascia um rio que irrigava o jardim, e depois se dividia em quatro.*
> *O nome do primeiro é Pisom. Ele percorre toda a terra de Havilá, onde existe ouro.*
> *O ouro daquela terra é excelente; lá também existem o bdélio e a pedra de ônix.*
> *O segundo, que percorre toda a terra de Cuxe, é o Giom.*
> *O terceiro, que corre pelo lado leste da Assíria, é o Tigre. E o quarto rio é o Eufrates. O Senhor Deus colocou o homem no jardim do Éden para cuidar dele e cultivá-lo".*
>
> (Bíblia Sagrada – Gn 2:10-15).

A *Bíblia Sagrada* descreve a região como berço da humanidade, no Gênesis. O Império Cuxita é um antigo império que abrangia toda a região do Rio Nilo até a costa leste da África, região onde hoje é o Egito, Sudão, Etiópia, Eritreia, Djibouti e Somália. Alguns estudiosos bíblicos afirmam que a terra de Cuxe bíblica ficava na Península Arábica, o que não está totalmente equivocado. Os gregos antigos chamavam a região de Etiópia e, de fato, o reino se estendia para além do Golfo de Adão, até a região onde hoje é o Iêmen. Portanto, muito provavelmente, o Rio Giom é o Nilo.

Figura 50 – A região descrita no Gênesis, conhecida pelos historiadores como Crescente Fértil, o Rio Nilo (Giom), onde se desenvolveu o Império Cuxita, o Rio Jordão (Pisom), na Judeia, e o Eufrates e Tigre, onde se desenvolveu a Suméria, atual Iraque

Fonte: mapa gerado pelo autor no GoogleMaps. Disponível em: https://www.google.com.br/. Acesso em: 29 jun. 2021

Entre o Nilo e os outros dois rios, Tigre e Eufrates, o único rio mais importante é o Rio Jordão. É bem provável que, antigamente, o Rio Jordão descia até o Mar Vermelho, percorrendo o trajeto onde hoje fica a Rodovia do Vale do Jordão, na Jordânia, divisa com Israel. Os quatro rios se situavam em regiões em que antigos reinos se desenvolveram. É exatamente essa porção de terra entre esses rios que foi prometida a Abraão pelo deus do Velho Testamento.

Então o Senhor Deus fez o homem cair em profundo sono e,
enquanto este dormia, tirou-lhe uma das costelas,
fechando o lugar com carne.
Com a costela que havia tirado do homem,
o Senhor Deus fez uma mulher e a trouxe a ele.

(Bíblia Sagrada – Gn 2:21,22).

Os antigos sumérios acreditavam serem eles descendentes de "deuses". Zecharia Sitchim acreditava que, na verdade, eram seres oriundos de outro planeta, que colonizaram a Terra no passado, com o objetivo de extrair ouro. No trecho supracitado do Gênesis, com o nosso atual conhecimento de genética e clonagem, poderia estar a *Bíblia* descrevendo um processo de clonagem? As costelas estão ligadas às vértebras, onde fica a medula e as células-tronco, utilizadas no processo de clonagem. Diversas passagens do Velho Testamento dão a entender de que o deus, ou deuses, que descreve, não se trata do Senhor Supremo, mas de deuses materiais, conforme já abordamos em capítulos anteriores (SITCHIN, 2017). Observe as seguintes passagens do Livro Gênesis da *Bíblia Sagrada* (3:22, 4:15-17):

> Então disse o Senhor Deus: Agora o homem se tornou como um de nós, conhecendo o bem e o mal. [...] E o Senhor colocou em Caim um sinal, para que ninguém que viesse a encontrá-lo o matasse. Então Caim afastou-se da presença do Senhor e foi viver na terra de Node, a leste do Éden. Caim teve relações com sua mulher, e ela engravidou e deu à luz Enoque. Depois Caim fundou uma cidade, à qual deu o nome do seu filho Enoque.

A partir dos estudos dos textos antigos sumérios e traçando um paralelo com a *Bíblia*, pode ser que o sinal colocado em Caim seja um sinal genético. Onde hoje fica a capital do México havia uma cidade chamada Tenochtitlan, capital do Imperador Tenoch do antigo Império Azteca. Os astecas utilizavam muito a consoante "t" no início das palavras, seria Tenoch o mesmo que Enoque? Seria Tenochtitlan a cidade de Enoque descrita na *Bíblia*?

Os nativos americanos, apesar de fisicamente serem parecidos com povos asiáticos, não possuem barba, ou esta é bem rala. Sem contar a questão dos olhos puxados, que tanto orientais quanto nativos americanos possuem. Seria essa a marca que foi colocada em Caim e seus descendentes para que fossem reconhecidos? De fato, existem muitas semelhanças nas construções astecas e egípcias. A cidade foi destruída pelos espanhóis no século XVI.

Figura 51 – Maquete da pirâmide de Tenochtitlan[25]

Fonte: fotografia de Arutoosorno. Disponível em: https://pt.dreamstime.com/modelo-da--pir%C3%A2mide-em-tenochtitlan-e-do-centro-cerimonial-dos-astecas-antes-conquista-espanhola-no-vale-anahuac-hoje-cidade-image186818339. Acesso em: 29 jun. 2021

Havia naqueles dias gigantes na terra;
E também depois, quando os filhos de deus entraram às filhas dos homens e delas geraram filhos;
Estes eram os valentes que houve na antiguidade, os homens de fama.

(Bíblia Sagrada – Gn 6:4).

---

[25] Encontramos estruturas piramidais semelhantes no Peru, no Egito, no Iraque etc.

Mas quem eram esses Nefilins gigantes? Os relatos de Gênesis da *Bíblia* coincidem com os relatos dos textos sumérios antigos e também com relatos da cultura védica. Nos eventos narrados em Gênesis, os humanos viviam cerca de mil anos. Já abordamos os ciclos de eras de acordo com os *Vedas* e como na era anterior as pessoas eram maiores (gigantes) e viviam mil anos. Outrossim, nos relatos védicos, a humanidade descende de raças superiores, os *devas* e *assuras* visitavam a Terra em seus aeroplanos. Aliás, toda cultura antiga descreve como os deuses visitavam a Terra.

Existem sete sistemas superiores e sete inferiores, e uma hierarquia entre eles. A Terra é considerada intermediária, apesar de estar no primeiro dos sete sistemas superiores. Os sistemas superiores compreendem o céu, ou paraíso. E os sistemas inferiores são o inferno. Porém, existem sistemas inferiores tão avançados em termos civilizatórios quanto os superiores. De fato, *devas* e *assuras* possuem a mesma ascendência. A linha que separa ambos é muito tênue.

Devas e *assuras* são criaturas de dimensões superiores, menos densas. São responsáveis por regularem diversas funções dentro do universo. A principal diferença entre eles é que os *devas* são espiritualistas ao passo que os *assuras* são materialistas. Todas as raças humanas descendem de diferentes culturas superiores. Os pandavas descendiam diretamente dos *devas* e eles chamavam os povos a oeste de *assuras*. Esses povos deram origem aos assírios. Acontece que não somente os assírios são seus descendentes e, sim, todos os descendentes de Noé.

No Antigo Testamento, no Gênesis, é narrada toda a dinastia de Noé. Essa dinastia se espalhou da região montanhosa ao leste (Ásia Central), até a África (Cuxe) e povos marítimos (toda região do Mediterrâneo até a Península Ibérica). Não à toa, existia nas proximidades do Cáucaso um reino chamado Ibéria, onde hoje é a Georgia, ou seja, tanto no Extremo Oriente quanto no Extremo Ocidente da Europa, na Península Ibérica, existiram regiões e povos com o mesmo nome e mesma etnia. Toda essa região, do Mediterrâneo à Ásia Central, foi povoada pelos descendentes de Noé. Não há nenhuma menção ao Oriente, com exceção da passagem do exílio de Caim.

Portanto, os povos do Oriente não possuem a mesma descendência dos deuses do Velho Testamento e dos textos antigos Sumérios, ou, se possuem, em determinado momento do passado houve um "racha" entre eles, dividindo-os em *devas* e *assuras*, arianos e assírios. Mas havia um intenso comércio entra as duas regiões e, assim, os *yadus* descendentes de Krishna também se estabeleceram na região. De fato, fisicamente são muito parecidos, sendo provavelmente oriundos da mesma ascendência. Quando Caim partiu para o leste, provavelmente se estabeleceu no sudeste asiático ou teve que viajar para muito distante, indo até a região ainda selvagem da América, onde se estabeleceria, pois na região da Índia já havia uma civilização ali.

Figura 52 – Fotografias aéreas do deserto de Nazca, no Peru [26]

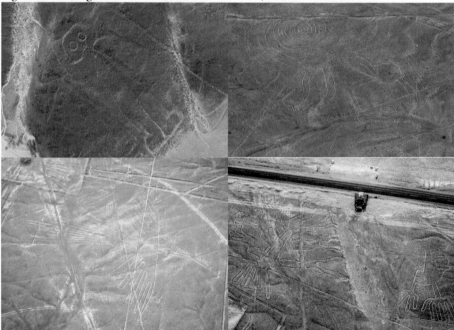

Fonte: fotografias de Cartu13, Tomasz Prado, Simone Matteo Giuseppe Manzoni, Byelikova. Disponíveis em: https://pt.dreamstime.com/fotos-de-stock-linhas-de-nazca-astronauta-image34094663; https://pt.dreamstime.com/imagens-de-stock-royalty-free-macaco-de-nazca-image10680989; https://pt.dreamstime.com/foto-de-stock-nazca-alinha-o-condor-vista-a%C3%A9rea-peru-image33456750; https://pt.dreamstime.com/foto-de-stock-geoglyphs-e-linhas-no-deserto-de-nazca-peru-image53748275. Acesso em: 29 jun. 2021

---

[26] Essas imagens só podem ser vistas adequadamente do topo de montanhas ou do céu, sendo definitivamente descobertas como imagens que são em 1927. Elas foram datadas de 500 a.C. a 500 d.C. Destaque para a enigmática figura do "astronauta". Essas imagens foram declaradas Patrimônio Mundial pela Unesco, em 1994.

5.6 ASSURAS

A ciência moderna considera a civilização védica ariana, os sumérios e os egípcios como as civilizações mais antigas da história. A civilização indo-ariana considera que a humanidade descendeu dos *assuras*. Já tratamos como se dá a criação do universo a partir do Senhor Brahma, o Grande Arquiteto do Universo. Brahma está nas dimensões superiores do universo e seus filhos, os *prajapatis*, ou progenitores, encarregaram-se de povoar o universo e os sistemas planetários inferiores.

Primeiramente, surgiram os *assuras*, que são criaturas de densidade menor, ou seja, de uma dimensão superior à nossa, mas inferior à dimensão do Senhor Brahma. Eles têm funções específicas dentro do funcionamento da natureza material, como o vento, o comércio, a metalurgia, as chuvas, as doenças etc. A humanidade descende dos *assuras*.

Os *assuras* também são influenciados pelos três modos da natureza material, paixão, bondade e ignorância, diferente da Suprema Personalidade de Deus, que está situada além da matéria condicionada. Apesar de os *assuras* não terem um corpo físico como o nosso, eles também estão em uma forma de vida material condicionada, em densidade e dimensão diferentes das nossas. Sua duração de vida é muito maior do que a nossa e eles possuem habilidades mais poderosas do que nós, humanos. Também são muito mais inteligentes e avançados do que nós.

Dessa maneira, foram criados os sistemas planetários superiores (céu), o intermediário (Terra) e os sistemas planetários inferiores (inferno), cada qual pertencente a dimensões e densidades diferentes. No total são 14 sistemas planetários, sendo sete inferiores e sete superiores. A Terra está situada no primeiro sistema planetário superior, sendo considerada intermediária.

Quando comparamos o universo material com um corpo, os sistemas planetários inferiores são os membros inferiores do corpo, do *chakra* raiz para baixo. A Terra está situada no quadril (*chakra* sacral/sexual), o céu e os seres de baixa densidade (espíritos/entidades) que lá habitam compreendem o abdômen do corpo e os astros luminosos e os *devas* residem na região do coração universal. Acima estão os quatro sistemas planetários mais superiores, incluindo o do Senhor Brahma e a cabeça do corpo universal material, em que residem as forças elementares essenciais para o funcionamento do universo, e o próprio Senhor Vishnu.

A região da cabeça universal nunca é afetada pelos ciclos de destruição e Renascimento dos sistemas planetários intermediários e inferiores. Essa região só deixa de existir quando Brahma morre e o universo torna-se imanifesto, fundindo-se no Maha Vishnu, permanecendo latente até uma nova manifestação universal. É dessa região que Brahma e todos nós recebemos os ingredientes para a cocriação do universo.

A região intermediária onde vivemos nos permite acesso tanto à região inferior (inferno) como à região superior (céu). O texto da *Bíblia Sagrada*, devido às muitas traduções e interpretações que sofreu, tornou-se confuso, e o céu material confunde-se com o céu transcendental do Mundo Espiritual. Os *assuras* habitam vários sistemas planetários, dos superiores aos inferiores.

Figura 53 – Vritra, um dragão *assura*[27]

Fonte: ilustração de Dusan Kostic. Disponível em: https://pt.dreamstime.com/ilustra%-C3%A7%C3%A3o-stock-tr%C3%AAs-dirigiram-o-drag%C3%A3o-image41574002. Acesso em: 29 jun. 2021

Os *assuras* regulam tanto as funções benéficas do universo, como as chuvas, a fertilidade, a saúde etc., quanto às funções maléficas, como inundações, secas, doenças etc. Os *assuras* permitem que a humanidade

---

[27] Vritrassura trouxe a seca e teve que ser derrotado por Indra, o rei dos *devas*, que trouxe de volta as chuvas.

experimente o materialismo em todas as suas formas. Da mesma forma que os humanos podem ou não se tornarem espiritualistas, os *assuras* também. Existem *assuras* que são devotos do Senhor. Assim, quando o materialismo se torna muito proeminente, esse grupo de *assuras* luta contra o grupo mais materialista para derrotá-los, colocar um devoto no comando e estabelecer novamente os princípios da religião para benefício da humanidade. Tudo isso ocorre dentro de ciclos e conta sempre com a ajuda da própria Suprema Personalidade de Deus, que sempre descende ao Mundo Material para proteger os devotos e reestabelecer a religião.

Dessa forma, os *assuras* dividiram-se em duas grandes facções, a facção materialista continuou sendo chamada de *assura* e a facção espiritualista passou a ser chamada de *deva* (deus ou semideus). A palavra *assura* significa espírito não corpóreo ou criatura dos céus. Já a palavra *deva* significa divino. Portanto, os *devas* também são *assuras*, porém são devotos do Senhor Supremo.

Existem várias espécies, raças, de *assuras* e *devas*. Assim surgiu a eterna luta universal do bem contra o mal, anjos contra demônios, céu contra inferno etc., narrada por todas as religiões. Essa luta acontece tanto entre eles, nos diferentes sistemas planetários, inclusive o nosso, quanto internamente, dentro de cada um, uma vez que também somos campo de semeadura, por meio dos nossos pensamentos e ações, já que toda atividade é regida por um *assura/deva* em particular.

5.7 A SUPREMA PERSONALIDADE DE DEUS DESCENDE PARA BENEFÍCIO DOS DEVOTOS

O *Srimad Bhagavatam* narra as diferentes encarnações do Senhor Supremo na luta contra o materialismo, proteção dos devotos e reestabelecimento da religião. Uma das histórias narradas é a de Prahlada Maharaja.

Há muito tempo, em outra era, os quatro *kumaras* filhos de Brahma resolveram visitar o Reino Transcendental *Vaikhunta*. Eles eram almas puras totalmente liberadas e, por isso, podiam viajar para qualquer lugar que desejassem, incluindo o Mundo Espiritual. Eles passaram por todos os portões da Morada do Senhor, mas ao alcançarem o sétimo e último portão foram barrados pelos dois porteiros, Jaya e Vijaya. Os sábios ficaram furiosos pela atitude dos porteiros e os condenaram a nascer no Mundo Material (PRABHUPADA, 1988).

A Suprema Personalidade de Deus, que é onisciente, apareceu no local e disse: "Esses Meus assistentes cometeram uma grande ofensa contra vocês por Me ignorarem. Portanto, Eu aprovo a punição que vocês, que são Meus devotos, deram a eles. Entretanto, porque eles também são Meus devotos, vou considerar um favor a Mim se vocês ordenarem que eles retornem à Minha presença em breve".

Os sábios, que eram almas rendidas ao Senhor Supremo, disseram que aquilo que fosse determinado pelo Senhor eles aceitariam. O Senhor, então, determinou que seus assistentes nascessem em famílias materialistas: "Deixem este lugar, mas não temam. Vocês, muito em breve, serão purificados do pecado que cometeram e dentro de um curto período vocês retornarão a Mim".

Jaya e Vijaya caíram pelas coberturas do universo e tiveram alguns nascimentos em famílias materialistas invejosas do Senhor. O objetivo do Senhor com esse arranjo era derrotar os demônios e, assim, cumulativamente, atender ao castigo dos *kumaras*, proteger os devotos, reestabelecer os princípios da religião, demonstrar Seus passatempos transcendentais dentro do universo material para doçura dos devotos, matar os demônios com Suas próprias mãos e liberar Jaya e Vijaya novamente ao Mundo Espiritual Vaikuntha. Dessa forma, os demônios nasceram algumas vezes no Mundo Material, o que permitiu que o Senhor descendesse em algumas das Suas maravilhosas expansões descritas no *Srimad Bhagavatam*, também conhecido como *Bhagavata Purana*.

Quando os demônios nasceram, muitas perturbações e sinais inauspiciosos se manifestaram no universo, como terremotos, erupções vulcânicas e ventanias muito fortes. Os céus escureceram devido às nuvens muito carregadas, ondas gigantes invadiram as costas e houve tempestades de raios. As corujas chirriaram e os chacais uivaram e os cães gemeram aqui e ali. Os animais ficaram agitados e apavorados (PRABHUPADA, 1988).

Assim nasceram Hiranya Kashipu, que significa "ouro e almofada confortável", e Hiranyaksha, que significa "sempre de olho no ouro". Os nomes dos demônios sugerem que ambos eram muito apegados a riquezas e a uma vida luxuosa e confortável. A história de Hiranyaksha e de como foi morto pela encarnação Varaha do Senhor Supremo é narrada no 3º canto do *Srimad Bhagavatam*. Já a história de Hiranya Kashipu é narrada no 7º canto do *Srimad Bhagavatam*. Segue aqui um breve relato.

Ambos os irmãos eram gigantes e quando caminhavam a terra tremia. Hiranya Kashipu desejava ser imortal e, por isso, realizou severas penitências, ficando sobre as pontas dos pés, com os braços para cima e olhando para o céu durante 100 anos celestiais. Suas austeridades começaram a gerar perturbações em todo universo e, assim, o Senhor Brahma foi ter com ele.

Durante o processo, o corpo de Hiranya Kashipu foi coberto por um formigueiro. As formigas comeram seu corpo, ficando apenas o esqueleto, e bambus cresceram ao redor do formigueiro. O Senhor Brahma borrifou de sua água espiritual e o corpo de Hiranya Kashipu foi totalmente restaurado. Ele estava jovem e com um belo e forte corpo dourado. O Senhor Brahma, então, concedeu uma benção a Hiranya Kashipu devido às suas severas austeridades.

Hiranya Kashipu desejava ser imortal. O Senhor Brahma respondeu que não poderia conceder tal benção, pois ele próprio não era imortal. Hiranya Kashipu, então, pediu que não encontrasse a morte por meio de qualquer entidade viva; nem dentro, nem fora de sua residência; nem de dia, nem de noite; nem no chão, nem no céu; que não fosse morto por qualquer ser, qualquer arma ou qualquer animal; e, ainda, por qualquer serpente, qualquer demônio ou qualquer deus. E o Senhor Brahma concedeu.

Assim, Hiranya Kashipu tornou-se invencível, conquistando todo o universo. Os *devas* ficaram aflitos e temiam pelo seu futuro e pelo destino dos devotos. Na mentalidade materialista, o sujeito considera a si mesmo o senhor. Ele não acredita na existência da Suprema Personalidade de Deus. Sempre que o materialista se encontra com um devoto, ele o examina sobre sua própria ótica materialista e pensa: "Esse devoto é um impostor! Ele usa essa filosofia teísta para enganar as pessoas e ter controle sobre elas. O que ele deseja, na verdade, é ter poder sobre mim. Eu vou dar uma lição a ele e mostrar quem é que manda!". O materialista tem inveja dos devotos do Senhor e, consequentemente, do próprio Senhor Supremo, e tenta lhes fazer mal, dominá-los e impor sua filosofia materialista.

Certa vez, Hiranya Kashipu executava certas penitências e os *devas* aproveitaram a oportunidade para atacar os *assuras* no palácio real e sequestrar sua esposa gestante. A intenção dos *devas* era manter a rainha sob custódia até o nascimento do herdeiro do trono e, então, liberar a rainha e matar a criança. Narada Muni, o grande sábio liberado, apareceu e interveio.

Narada Muni era uma alma liberada e podia viajar para qualquer lugar que desejasse, tanto no Mundo Material quanto no Mundo Espiritual. Narada Muni disse a Indra, o rei dos *devas*, que tanto rainha quanto o filho eram sem pecados e que Indra não podia castigá-los daquela forma. Indra respeitou o sábio e a rainha foi levada sob seus cuidados, sendo instruída pelo conhecimento teísta sobre a Verdade Absoluta e a Suprema Personalidade de Deus. A criança no ventre também recebeu todas as instruções, até o momento de seu nascimento.

Assim, a criança, que se chamou Prahlada, nasceu um grande devoto do Senhor Supremo, apesar de ser filho do maior entre os demônios. Quando chegou a idade, Prahlada foi enviado à escola para aprender filosofia materialista.

Certa vez, seu pai, colocou-o no colo e perguntou qual era o maior conhecimento que ele havia aprendido na escola com seus professores. Prahlada respondeu: "Ó, rei dos *assuras*, o maior conhecimento de todos é procurar abrigo nos pés de lótus da Suprema Personalidade de Deus Krishna e deixar este poço escuro da vida material". Hiranya Kashipu procurou os professores de Prahlada e os instruiu a protegerem o garoto da filosofia teísta e ensinar-lhe somente a filosofia materialista. Os professores, que já estavam fazendo isso, não sabiam de onde Prahlada havia extraído aquele conhecimento e reforçaram o ensino materialista do menino. Quando acreditaram que Prahlada estava pronto, levaram-no até seu pai para demonstrar a evolução da criança.

Mais uma vez, Hiranya Kashipu, afetuosamente, colocou Prahlada em seu colo e perguntou qual era o maior conhecimento entre tudo que havia aprendido com seus professores. E Prahlada respondeu: "Ouvir e cantar sobre os transcendentais santos nomes do Senhor Supremo, lembrar-me constantemente d'Ele, servi-l'O e adorá-l'O sempre de corpo e alma, orar sempre a Ele, aceitá-l'O como meu mestre e amigo mais querido e render-me totalmente ao Supremo Senhor Krishna. Esse é, certamente, o maior entre todos os conhecimentos!".

Após a resposta de Prahlada, ocorreu o seguinte diálogo:

— Que disparate é este?! Vocês ensinaram serviço devocional ao meu filho?! – disse o rei irado, dirigindo-se aos professores de Prahlada.

— Por favor, meu rei, não fique irado. Não ensinamos filosofia teísta a Prahlada. Ele não aprendeu isso conosco! – responderam os professores, tremendo de medo da fúria de Hiranya Kashipu.

— Seu patife traidor! Onde você aprendeu esse conhecimento? – indagou ao seu filho.

— Você é muito apegado à vida materialista para compreender – respondeu calmamente Prahlada. – A meta última da vida é o serviço devocional à Suprema Personalidade de Deus.

Hiranya Kashipu ficou indignado com a resposta e empurrou Prahlada de seu colo ao chão. Ele ordenou aos seus súditos que levassem Prahlada e o executassem. Os servos demoníacos de Hiranya Kashipu, com dentes afiados e cabelos avermelhados, tentaram perfurar o corpo de Prahlada com seus tridentes, mas era inútil. Prahlada permanecia sentado, em posição de lótus, orando ao Senhor Supremo. Então, os *assuras* colocaram Prahlada na frente de um enorme elefante treinado e ordenaram que ele pisasse em Prahlada. Porém, a Suprema Personalidade de Deus está no coração de todos como Superalma – *Paramatma* – e o elefante não machucou o frágil corpo do menino. Jogaram-no em um poço cheio de serpentes, mas elas não lhe fizeram mal. Atiraram-no de um alto desfiladeiro, mas, ao cair, ele não se feriu. Atiraram-no no fogo e, de lá, em um caldeirão com líquido fervente, e Prahlada simplesmente continuava prostrado em orações ao Senhor Supremo, sem demonstrar qualquer tipo de dor.

Prahlada aceitou todos esses castigos como misericórdia do Senhor Supremo e uma possibilidade de se purificar de seus pecados de vidas passadas. Tampouco ele sentia raiva ou medo do seu pai. Na verdade, ele tinha pena, pois seu pai era incapaz de reconhecer um poder maior que o de si próprio.

Figura 54 – Representação dos suplícios de Prahlada nas paredes de um templo em Karnataka, Índia[28]

Fonte: fotografia de EPhotocorp. Disponível em: https://pt.dreamstime.com/epis%C3%B-3dio-de-bhakta-prahlada-que-%C3%A9-templo-v%C3%A1rias-maneiras-totured-kedareshwara-halebidu-karnataka-%C3%ADndia-image119851676. Acesso em 30 jun. 2021

  Hiranya Kashipu começou a ficar aflito e a temer por sua própria vida. Parecia que Prahlada, com apenas 5 anos de idade, havia conquistado a benção que ele conquistara após cem anos celestiais de severas penitências. Como seria isso possível? Os materialistas vivem com medo da morte e estão sempre tentando conquistar a natureza e os outros. Eles não conseguem admitir um poder sobrenatural maior que o deles.

  Hiranya Kashipu estava confuso e com medo. Ele abandonou o garoto em uma geleira, mas o coração de Prahlada permanecia aquecido pelo amor puro transcendental ao Senhor Supremo. Depois, Prahlada foi deixado em um furacão muito forte. Ele permaneceu abraçado a uma palmeira, absorto em meditação no Senhor Krishna e o vento não o arrastou. Deixaram o garoto por muito tempo sem comida, mas Prahlada era um devoto puro e a Superalma em seu coração providenciava todo o

---

[28] Ao lado esquerdo uma representação de quando Prahlada foi lançado no poço de serpentes e, ao lado, Prahlada entres os elefantes que foram fustigados a esmagá-lo.

necessário para o sustento de seu corpo. Após muito tempo, como o jejum forçado não trouxe resultados, eles ofereceram um delicioso banquete para Prahlada, cuja comida estava envenenada. Como o menino era um devoto, ele primeiro ofereceu o alimento ao Senhor e, ao ser purificado, o efeito do veneno foi neutralizado.

Hiranya Kashipu começou a ficar taciturno e deprimido. Os professores de Prahlada disseram ao rei para ele não ficar tão melancólico, afinal, Prahlada era só uma criança e quando crescesse acostumar-se-ia com os costumes deles. O rei concordou e Prahlada voltou para a escola. Depois das aulas, seus colegas o chamavam para brincar e Prahlada aproveitava a oportunidade para instrui-los na ciência teísta e na filosofia devocional. Pouco a pouco, seus amigos iam largando os brinquedos e se sentavam ao redor de Prahlada para receberem instruções sobre a Suprema Personalidade de Deus. Prahlada orientou seus amigos a aproveitarem sua juventude para se dedicarem à vida no serviço amoroso ao Senhor Krishna, o amigo mais íntimo e querido de todos, ao invés de buscarem felicidade material, que vem e vai e só causa frustração.

Os amigos de Prahlada tinham curiosidade de como ele havia recebido esse conhecimento e ele contou que quando sua mãe ficou sob os cuidados do sábio Narada Muni, ela foi orientada na filosofia de *bhakti*. Como ele estava na barriga dela, ele acabou aprendendo tudo. Seus amigos acharam isso maravilhoso e todos se tornaram devotos do Senhor.

Certa vez, os professores viram seus alunos todos juntos, cantando e dançando os Santos Nomes do Senhor:

Hare Krishna Hare Krishna
Krishna Krishna Hare Hare
Hare Rama Hare Rama
Rama Rama Hare Hare.

Os professores ficaram muito preocupados com a situação e informaram tudo a Hiranya Kashipu, que compreendeu o que estava acontecendo. O rei ficou muito bravo – seu corpo todo tremia, seus olhos palpitavam, ele suava frio e seu estômago revirava. Ele decidiu matar Prahlada com suas próprias mãos. Matar o próprio filho é um pecado abominável, mesmo entre os *assuras*, porém, como todas as tentativas anteriores haviam falhado, ele decidiu que somente ele próprio seria capaz de matar Prahlada e acabar com a disseminação da filosofia *vaishnava* em seu reino. Prahlada foi trazido diante de Hiranya Kashipu, na sala do trono.

— Ó, traidor da família! – dirigiu-se o rei a Prahlada. – Como ousa questionar o meu poder soberano?! Todos tremem quando fico irado. Pelo poder de quem um canalha como você se tornou tão destemido?!

— Meu caro rei, – respondeu calmamente Prahlada – a fonte da minha força é exatamente a mesma fonte da sua força, a Suprema Personalidade de Deus Krishna, que está em tudo e em todos!

— Seu enganador! Você está tentando me ridicularizar! Você só pode estar falando coisas sem sentido desse jeito porque deseja alcançar logo a morte! Vou separar sua cabeça do seu corpo com minhas próprias mãos! Quero ver se esse seu Deus virá ao seu socorro! Ele está em todo lugar? Ele está nesta coluna?! – gritava o rei com os olhos vermelhos e a boca espumando de ira enquanto apontava para uma imensa coluna de pedra. – Veja só o que eu faço com seu Deus!

Então, Hiranya Kashipu deu um soco na coluna e um estrondo apavorante se ouviu. Parecia que o universo inteiro estava rachando com a coluna. Quando a poeira baixou, uma figura meio homem, meio leão, apareceu entre os escombros da coluna despedaçada. A figura era aterrorizante. Sua juba se estendia para todas as direções, sua língua afiada se movia como uma espada. Seus olhos eram como ouro fundido, seus dentes eram mortais, suas orelhas estavam eretas e imóveis e suas narinas e boca pareciam cavernas prestes a engolir tudo e todos. Seu pescoço era pequeno e grosso, seu peito largo e sua cintura fina. Seus pelos eram brancos como os raios da Lua e seu corpo tocava o céu. Seus braços pareciam fileiras de exércitos e se espalhavam em todas as direções enquanto aniquilavam todos os generais demoníacos e seus exércitos.

Figura 55 – Escultura do Senhor Nrisimhadeva matando o rei dos demônios, Hiranya Kashipu

Fonte: fotografia de Gaurava Kumar. Disponível em: https://pt.dreamstime.com/lord-narsimha-iskon-devocional-hindus-image155208512. Acesso em: 30 jun. 2021

Hiranya Kashipu ficou perplexo por um momento, sem entender o que estava acontecendo, e se perguntava quem seria aquele ser maravilhoso. Após recuperar o fôlego, o rei dos *assuras* atacou a forma Narasimhadeva do Senhor Supremo. *"Nara"* significa humano, *"simha"* significa leão (variando como *singa* ou *simba* em algumas culturas).

Hiranya Kashipu se movimentava muito rápido e aparecia e desaparecia, ora aqui, outra ali, tentando surpreender a Suprema Personalidade de Deus, que não era nem humana e nem animal, nenhum ser vivo ordinário, *deva* ou *assura*; que o apanhou como uma mosca e o colocou no seu colo, nem no céu, nem na terra, nem na água, na entrada do palácio, portanto, nem dentro, nem fora, nem de dia, nem de noite, mas durante o crepúsculo; e nem por nenhuma arma, veneno ou poder místico, mas pelas próprias mãos da Suprema Personalidade de Deus Nrisimhadeva, que rasgou Hiranya Kashipu em pedaços e fez para Si uma guirlanda com suas tripas.

Figura 56 – O Senhor Nrsimhadeva com o devoto Prahlada representado em uma escultura

Fonte: fotografia de Ram Das. Disponível em: https://pt.dreamstime.com/foto-de-stock--lord-narasimha-image80396372. Acesso em: 30 jun. 2021

O Senhor Nrisimhadeva, tendo derrotado todos os demônios, sentou-se no trono. Todos os deuses estavam presentes, incluindo o Senhor Brahma e o Senhor Shiva, porém, nenhum deles ousou se aproximar daquela forma aterradora do Senhor Supremo, somente Prahlada. Ele se aproximou e ofereceu reverências ao Senhor. O Senhor, então, satisfeito com o comportamento do Seu devoto, abandonou Sua ira e colocou Prahlada em Seu colo.

O Senhor disse que Seu passatempo era satisfazer os desejos dos seres vivos e que, para Seus devotos em particular, Ele concede Seu favor especial. Sendo assim, Prahlada podia Lhe pedir qualquer coisa que desejasse. Por ser um devoto puro, Prahlada não tinha nenhuma ambição pessoal e, então, pediu que o Senhor perdoasse as ofensas geradas pela ignorância de seu pai. O Senhor assegurou Prahlada que gerações antes e depois dele estavam purificadas, pois assim é a misericórdia do Senhor para com Seus devotos rendidos e que, muito em breve, após cumprir com suas obrigações no Mundo Material, tanto Prahlada quanto Hiranya Kashipu estariam de volta ao lar, de volta à Morada Suprema.

Prahlada se tornou o rei, *maharaja*, e governou reestabelecendo os princípios da religião transcendental. Até os dias atuais, os devotos cantam *mantras* de louvor ao Senhor Nrisimhadeva para proteção contra os demônios.

5.8 BALI

Bali Maharaj era neto de Prahlada Maharaj e, como herdeiro do trono, assumiu o reino quando chegou a hora. Obviamente, assim como seu avô, Bali era um *assura* devoto do Senhor Supremo e um rei muito justo e misericordioso. Não havia crimes em seu reino e os pobres recebiam o mesmo tratamento que os ricos. Bali conquistou todo o mundo conhecido, não somente neste planeta, mas todos os três mundos – céu, terra e inferno. Bali Maharaj era imortal, pois havia tomado *soma*, o néctar da imortalidade.

Acontece que após a derrota dos grandes demônios, Hiranya Kashipu e Hiranyaksha, os *devas* chefiados por Indra, o deus do trovão e das chuvas, assumiram novamente o controle universal e se tornaram muito arrogantes e prepotentes por contarem com a ajuda pessoal do Senhor Supremo. Quando Bali iniciou sua campanha de conquista do universo com seu exército *assura*, os semideuses foram ter novamente com o Senhor Vishnu, pedindo Seu auxílio para derrotar o exército dos demônios, porém, dessa vez, o Senhor se recusou a lutar contra Bali Maharaj, que também era Seu devoto.

O Senhor também queria dar uma lição nos *devas*, por estarem muito cheios de si. Dessa forma, Ele elaborou um plano que permitiria dar uma lição nos *devas*, favorecer Seu devoto Bali e, ao mesmo tempo, proteger os *devas* e derrotar os *assuras* e, ainda, executar Seus passatempos transcendentais na Terra para o deleite dos devotos. Assim, o Senhor Supremo esperou que os *devas* fossem derrotados pelo exército *assura* de Bali.

Então, o Senhor Supremo encarnou neste mundo outra vez, como um sábio anão, Vamanadeva. Bali Maharaj estava realizando uma grande cerimônia ritualística, comemorando seu domínio sobre os três mundos e distribuindo riquezas, quando o Senhor Vamanadeva se aproximou do rei.

De acordo com o sistema védico, a sociedade humana é dividida em castas, cada qual cumprindo com sua função no grande corpo social. Vale destacar que, diferente do que se vê hoje em dia na Índia, as castas não são meramente uma questão de hereditariedade, mas de qualificação. De fato, normalmente, como dizem, o fruto não cai longe do pé, isto é, em uma família de determinada casta, o normal é que os filhos sigam pelo mesmo caminho. Porém, um sujeito pode nascer em uma família de casta superior, mas não ter nenhuma qualificação para aquela casta ou vice-versa. A questão da hereditariedade não pode ser dominante e, sim, a qualificação do indivíduo.

Imaginando a sociedade como um grande corpo, a cabeça são os *brahmanas*, os sacerdotes e eruditos. É a classe destinada aos estudos das escrituras sagradas, ao ensino, aos conselhos e à execução de cerimônias religiosas. O peito, as costas, os ombros e os braços são os *kshatryas*, a classe aristocrática, a nobreza, os guerreiros e os militares. É a classe destinada à administração e à proteção da sociedade, governantes, funcionários públicos e forças armadas. A função dessa classe é administrar a sociedade, defendê-la, e, para isso, ela tem o direito de cobrar impostos para cumprir com essa função.

A terceira classe que compõe as chamadas classes superiores são os *vaishyas*, a classe empreendedora, mercantil. São os agricultores, os industriais, os comerciantes, os banqueiros, os empresários em geral, a chamada burguesia. É a classe responsável pela produção de riqueza em uma sociedade – são o abdômen, os sistemas digestivo e reprodutivo do corpo social.

Os *shudras* são as pernas da sociedade, a classe trabalhadora. Ainda existem outras classes inferiores além dos *shudras*, são as pessoas que não conseguem – ou não podem – ter um papel ativo dentro da sociedade, desse grande corpo social, como os mendigos, os loucos etc.

Em um sistema ideal, os *vaishyas* produzem as riquezas da sociedade. Os *kshatryas* recebem seu quinhão de impostos do setor produtivo para proteger e administrar a sociedade. Ambos, *vaishyas* e *kshatryas*, têm a obrigação de proteger e sustentar os *brahmanas* e os *shudras*. *brahmanas* e *shudras* não produzem riquezas e nem cobram impostos. Os *shudras* fazem todo o trabalho mais pesado em troca do seu sustento. Os *brahamas* dedicam-se aos estudos e à vida espiritual e adotam uma vida mendicante. Ambos dependem da generosidade dos *vaishyas* e dos *kshatryas*.

Brahmanas e *shudras* não devem ser ricos. Um *brahamana* deve focar na sua vida espiritual e, portanto, levar uma vida material simples. Um *shu-*

dra não pode ter muito dinheiro, pois tem a tendência a gastá-lo de forma indevida, com intoxicação, jogos de azar e sexo ilícito. Por outro lado, não podem ter uma vida miserável, em que passem necessidades, pois isso faz com que não possam cumprir suas funções plenamente.

O corpo social funciona igual ao corpo humano. Se o sujeito tem algum problema mental, dificilmente conseguirá conduzir seu corpo. Da mesma forma, quando a classe erudita está desviada do seu propósito, toda a sociedade é desencaminhada. Um *brahmana* não pode trabalhar visando ao lucro e, sim, ao benefício de todos. Se a pessoa tem os membros superiores e os pulmões fracos, está indefesa. Da mesma forma, quando a classe governante se corrompe, o corpo todo adoece.

Os *kshatryas* não podem se utilizar de seu poder jurídico, burocrático, legal e militar para subjugar a sociedade e enriquecer à custa dela. Desse modo, a aristocracia se torna um câncer e um fardo para a sociedade. A razão da existência de um sistema jurídico, burocrático, legal e militar é justamente para o oposto disso, ou seja, garantir o funcionamento e a proteção do tecido social.

Quando o indivíduo é muito guloso ou tem muito apetite sexual, vive em função de comer e fazer sexo, negligenciando o próprio corpo. A pessoa que age assim contrai doenças, seu corpo fica obeso e fraco. A pessoa se torna preguiçosa. Ela consome tudo o que produz de forma voraz. Igualmente, quando os *vaishyas* tornam-se gananciosos e avarentos, todas as riquezas que produzem são direcionadas para eles mesmos. O luxo e a ostentação em que vivem acabam contrastando com uma sociedade pobre e miserável, igual a uma pessoa com uma proeminente barriga, porém com o corpo doente.

A classe produtiva é responsável pela geração de riqueza em uma sociedade e essa riqueza deve ser distribuída. Ela deve garantir que *brahmanas*, *kshatryas* e *shudras* recebam seu quinhão para que o corpo social funcione de forma eficiente. Um *vaishya* e um *kshatrya* podem ser ricos, mas não podem ficar ricos tornando a sociedade à sua volta miserável. Quando a classe produtiva é gananciosa e avara, tende a sonegar os impostos e, então, passa a corromper a classe governante para não ser fiscalizada.

Assim, a classe trabalhadora e a classe erudita vão sendo lançadas à pobreza. O corpo social fica com a mente e as pernas atrofiadas pela escassez e os braços amarrados pela corrupção. Por sua vez, se a classe trabalhadora está enfraquecida, ou pela pobreza, ou por não poder contar com o correto encaminhamento da classe erudita e tampouco com a justiça da classe governante, as pernas do corpo social ficam fracas e esse corpo não consegue chegar a lugar algum e nem se sustentar. Portanto, todas as classes têm sua importância e função dentro da sociedade, nenhuma pode ser negligenciada e nenhuma pode ser muito obtusa. É o equilíbrio entre elas que garante a eficiência do tecido social.

Bali Maharaj era um *kshatrya* competente. Sempre que um *brahmana* batia em sua porta ele fazia grandes doações. Quando o Senhor Vamanadeva chegou, Bali lhe ofereceu riquezas. O Senhor Vamana disse que queria apenas três passos de terra. Bali estranhou e ressaltou que poderia lhe dar grandes propriedades, muitas vacas, servos e riquezas, mas Vamanadeva, que era um anão, insistiu dizendo que só queria o que pudesse alcançar com três passos.

O sacerdote conselheiro do rei, Shukracharya, advertiu-o de que aquele não era um *brahamana* comum, que tinha uma natureza transcendental ao plano material, sendo o próprio Senhor Vishnu em pessoa que viera para recuperar o reino dos *devas*. Bali, porém, estava muito confiante devido às suas recentes conquistas. Além do mais, seria desonroso para um *kshatrya* não atender a um pedido de um *brahmana* e, por isso, atendeu-o. Por outro lado, o rei também era um devoto do Senhor e, caso seu *guru* estivesse correto e ali se tratasse da Suprema Personalidade de Deus, o rei ficaria feliz em servi-Lo.

Após ter Seu pedido atendido pelo rei, O Senhor Vamanadeva se expandiu e assumiu uma forma gigantesca. Ele tocou o topo do céu com seu pé e cobriu toda Terra e os sistemas planetários inferiores com Seu primeiro passo. Seu corpo cobria todas as direções. Com Seu segundo passo, o Senhor cobriu todo o universo. Foi quando Bali Maharaj reconheceu que se tratava da Suprema Personalidade de Deus e que acabara de perder todo o seu reino. Entendendo que o rei havia sido enganado, os exércitos *assuras* partiram para o ataque ao Senhor Vamanadeva, como insetos em direção a uma fogueira, e foram facilmente esmagados. O rei repreendeu seus generais e ordenou que fossem para o submundo, nos planos inferiores. O Senhor Vamanadeva ainda tinha um passo, mas não havia nenhum local disponível no universo.

Bali Maharaj, então, lembrou-se de seu avô, Prahlada Maharaj, e de como havia se rendido totalmente à Suprema Personalidade de Deus. Bali se rendeu ao Senhor Vamana e ofereceu sua cabeça para que Vamanadeva desse Seu último passo. Bali Maharaja, nesse ponto, estava totalmente rendido e não estava preocupado se seria esmagado pela Suprema Personalidade de Deus. O Senhor Vamanadeva concedeu Sua benção ao Seu devoto Bali e colocou Seu pé sobre sua cabeça.

Figura 57 – Representação, em escultura, do Senhor Vamanadeva dando Seu terceiro passo na cabeça de Bali Maharaj

Fonte: fotografia de EPhotocorp de escultura no templo de Nilkantheshwar, Panshet, Pune, Índia. Disponível em: https://pt.dreamstime.com/avatar-de-vaman-quinto-do-deus-hindu-vishnu-que-guarda-seu-p%C3%A9-em-bali-templo-nilkantheshwar-panshet-image109387615. Acesso em 30 jun. 2021

Desse modo, o Senhor resolveu toda a questão entre *assuras* e *devas*. Ele enviou Bali para o sistema planetário inferior conhecido por *Sutala*. Bali seria o governante do submundo enquanto os *devas* foram reestabelecidos como governantes dos céus. Quando o Senhor Vamanadeva deu Seu segundo passo, Seu dedão do pé furou a cobertura do universo e a água transcendental penetrou, lavou os pés do Senhor e veio em direção à Terra, passando pelos sistemas planetários superiores. A força com que essa água caía poderia destruir a Terra. Então, o Senhor Shiva sentou-se nos Himalayas e a água sagrada que fluía de além do universo caiu primeiro sobre sua cabeça.

O Senhor Shiva aceitou a missão de amenizar a força do rio sagrado porque estaria recebendo a água celestial que passara pelos pés de lótus do Senhor direto em sua cabeça. Esse rio é o Ganges e, por isso, é um dos rios mais sagrados da Terra, pois sua água vem do Oceano Causal, onde está situado o Maha Vishnu. Ao penetrar no universo, o Oceano Causal assume a forma de rio e lava os pés do Senhor Vamanadeva, passa por todos os sistemas planetários superiores e, ao chegar à Terra, passa primeiro pela cabeça do Senhor Shiva, em constante meditação no Senhor, e, então, flui como Rio Ganges.

Figura 58 – O Senhor Shiva sentado em meditação nos Himalayas, por onde flui o Ganges

Fonte: ilustração de Iuliia Selina. Disponível em: https://pt.dreamstime.com/ilustra%-C3%A7%C3%A3o-stock-shiva-maha-shivaratri-image67454869. Acesso em: 30 jun. 2021

Todas essas bençãos foram concedidas pelo Senhor Vamanadeva. *Assuras* e *devas* tiveram seus reinos estabelecidos, sendo que a fronteira desses reinos é justamente o plano intermediário, onde está a Terra. O Senhor Shiva e Bali Maharaj, ambos senhores de sistemas planetários inferiores, tiveram suas cabeças abençoadas pelos pés de lótus do Senhor Supremo. O Senhor, mais uma vez, manifestou Sua forma e passatempos transcendentais na Terra, para deleite dos devotos.

O Rio Ganges foi manifestado, permitindo que todos na Terra se purifiquem. O Senhor Vamanadeva instruiu tanto os *devas* quanto os *assuras* a não serem tão apegados a posses materiais e a se contentarem com aquilo que a providência lhes reserva, ao invés de ficarem ansiando pela propriedade alheia. O reino de Bali Maharaj, em Sutala, é tão próspero e rico quanto o dos *devas* nos céus (PRABHUPADA, 1995).

Bali era um rei muito bem-quisto pela população. Por ter ficado satisfeito com Seu devoto, o Senhor Vamana lhe concedeu uma benção. Bali solicitou que uma vez por ano ele pudesse visitar sua antiga capital na Terra, o que foi concedido. Até hoje, em Kerala, no sul da Índia, uma vez ao ano comemora-se o retorno do rei à cidade.

5.9 BAAL

Existem várias referências na *Bíblia Sagrada* a antigas divindades cultuadas, chamadas Baal, que mais tarde foram consideradas demônios. Baal significa "senhor", "amo", "possuidor". Outras formas aceitas do nome são "Bal", "Bel", "Belus", "Bael". Culturas de diferentes regiões na Antiguidade utilizavam-se desse termo para se referirem ao seu deus particular, o senhor da região, a quem rogavam por proteção e prosperidade.

Sabemos que Bali conquistou toda Terra, todo o mundo conhecido. Ele era um rei muito misericordioso, mas, apesar disso, era um *assura*, portanto, muito apegado às posses e aos prazeres materiais. Ele foi condenado a reinar no submundo. Muito provavelmente, esses títulos vieram de Bali, o grande governante, senhor de toda região no passado. Por ser um rei *assura* do submundo, com o passar do tempo e a ascensão da Igreja Católica, seu culto passou a ser proibido.

Os *Puranas* descrevem as regiões infernais divididas em sete sistemas planetários. A primeira região, de cima para baixo, logo após a região intermediária em que a Terra está situada, chama-se *Atala* e é governada por Balassura, que possui muitos poderes místicos ilusórios. As pessoas que caem nesse local são constantemente intoxicadas para fazerem sexo até a morte, alimentando os seres daquela região, que se nutrem da energia sexual. A segunda região é denominada *Vitala* e é governada por Hara--Bhava e suas hostes de criaturas, como duendes e gnomos, que habitam minas de metais e pedras preciosas, sendo o ouro o principal deles.

A terceira região é *Sutala* e foi construída e decorada pelo arquiteto dos deuses, Visvakarma. Essa é a região governada por Bali, sendo até mais opulenta que o próprio reino dos *devas* nos céus devido às benções que recebeu do Senhor. A quarta região é *Talatala*, governada por Mayassura, pai de Balassura, mestre de todo tipo de bruxaria. A quinta região é *Mahatala*, a região dos dragões com muitas cabeças. A sexta região, *Rasatala*, é considerada a sola dos pés do grande corpo universal de Vishnu e a região infernal onde vivem os demônios cruéis, eternos inimigos dos *devas*. A última região, *Nagaloka* ou *Patala*, é a região mais escura e basal do universo, onde vivem as grandes serpentes. Essa região é iluminada pelas joias sobre os capelos das serpentes que sustentam o universo (PRABHUPADA, 1995).

Cada região inferior se destina a ser a residência de determinadas manifestações da natureza, assim como as superiores. Nesse ponto há uma convergência com a demonologia cristã, que diz que existem sete infernos, cada qual chefiado por um príncipe, que rege também um dos sete pecados capitais, a saber: luxúria, ganância, gula, soberba, inveja, preguiça e ira.

Os *Puranas* nos apresentam a região da luxúria e da intoxicação. A região das riquezas minerais. A região do ápice da civilização materialista. A região dos poderes místicos ilusórios. A região dos dragões. O inferno propriamente dito e, por último, a região basal das grandes serpentes.

Como dito anteriormente, o reino de Bali Maharaj é até mais opulento do que o próprio reino dos céus. A diferença é que nas regiões inferiores o materialismo é predominante e nas regiões superiores os devotos são a maioria. Mas os habitantes do reino celestial também são contaminados pelo materialismo. Toda entidade viva dentro do universo está condicionada pelos três modos da natureza material. Até os *devas* se deixam levar por sentimentos materialistas e, às vezes, precisam ser repreendidos.

Os habitantes do submundo estão ainda mais sujeitos ao materialismo do que nós, aqui na Terra, porém, mesmo entre eles existem devotos. Deus está no coração de todos como *Paramatma*, a Superalma. Ele também está dentro de cada átomo, assim como é a sustentação do universo, como Vishnu. Não há nenhum local no universo onde Deus não esteja presente. Porém, diferente do ser vivo ordinário, Deus nunca se contamina pela natureza material.

Portanto, o "Baal" da Antiguidade pode ter tido origem com Maharaj Bali ou, às vezes, referir-se a Bala, o príncipe regente do primeiro sistema infernal, filho do demônio Maya, mestre da bruxaria. Portanto, o termo não necessariamente se refere a Bali, tornando-se uma referência a "senhor".

Temos referências ao termo em todas as antigas culturas do Egito à Mesopotâmia, chegando até a Germânia. As pessoas passaram a associar o nome a qualquer figura de autoridade, do chefe local ao Senhor Supremo e, por isso, fica confuso saber a quem exatamente estão se referindo. Muitos nomes surgiram daí, como "Etibal – com o senhor", "Jerubal – sustentado pelo senhor", "Aníbal – pela graça do senhor", "Asdrúbal – com a ajuda do senhor", "Jezebel – exaltada pelo senhor", "Isabel – jurada ao senhor". Elisabete é uma variação de Isabel. Como o culto a personalidades é proibido pelas religiões, o culto a Baal passou a ser proibido e somente materialistas ainda o adoram com a finalidade de alcançarem seus objetivos materiais.

5.10 SANTÍSSIMA TRINDADE

Existem três espécies da energia divina. A energia superior ou interna, que é a própria personalidade de Deus, *Bhagavan*, suas potências e manifestações pessoais. A energia marginal, que é seu brilho, *Brahman*, o Mundo Espiritual e as entidades vivas. E, por fim, a energia inferior ou externa, que é a manifestação material, o materialismo e as interações temporárias das entidades vivas sob a ilusão da vida condicionada.

Assim como sua energia externa se manifesta de três modos – a saber: paixão, bondade e ignorância –, sua energia interna também se subdivide em três: *hladini*, sua potência de bem-aventurança; *samvit*, sua potência cognitiva; e *sandhini*, sua potência viva; essas três potências dão origem ao aspecto *saccidananda* do Senhor, que já foi explicado no início deste livro.

Figura 59 – A deidades de Sri Sri Radha Krishna, em um templo em Deli, na Índia

Fonte: fotografia de Suresh Chandra Kandpal do altar de um templo da Iskcon em Delhi, Índia. Disponível em: https://pt.dreamstime.com/templo-iskcon-deli-apresentando-o-ra%C3%A7%C3%A3o-de-lorde-radha-krishna-rezando-dentro-do-image157685296. Acesso em: 30 jun. 2021

Srimati Radharani, Radha ou Hara é a personificação da potência *hladini* do Senhor, que se manifesta como sua eterna amante. Em Goloka Vrindavana, no Mundo Espiritual, Krishna e Radha são eternamente jovens. Na cultura védica, os homens se casam aos 18 anos e as meninas aos 12 anos, portanto, Radha é uma jovem comprometida, o que seria equivalente a um noivado no Ocidente. Krishna ainda não. Porém, quando Krishna toca a Sua flauta, todas as *gopis* abandonam seus afazeres domésticos para se encontrarem com Ele.

No Mundo Espiritual não há o sexo como há no Mundo Material. Lá não existe reprodução sexual, as coisas se manifestam apenas pelo desejo e pensamento, então, não há a relação sexual propriamente dita. O que acontece é apenas o carinho e o afeto, o abraço e o beijo. E quando tiramos a relação sexual, carinho, abraço e beijo são totalmente diferentes também. Assim, a relação transcendental das *gopis* com Krishna não tem nada a ver com um namoro mundano. Pelo contrário, é a mais alta expressão do amor puro divino.

Quando as *gopis* abandonam seus lares para se encontrarem com Krishna, elas não se importam com sua posição social como esposas, elas não se preocupam com o que os outros vão dizer sobre elas e nem se isso é pecado. Elas vão porque seu amor por Krishna é maior do que qualquer consideração que possam ter sobre elas mesmas. Elas vão ao encontro do Senhor mesmo sabendo que Krishna pode ignorá-las justamente por serem casadas. Esse é o espírito mais elevado do devoto.

Um devoto puro busca Krishna sem esperar nada em troca. Isso é amor puro incondicional. Ele jamais é condicionado com coisas do tipo: "Se Você virar meu esposo eu me rendo a Você" ou "Eu me rendo a Você para que Você me conceda a liberação deste Mundo Material" ou, ainda, "Eu me tornarei Seu devoto para que Você me conceda um bom emprego, saúde ou um bom casamento". Nada disso é amor puro, são apenas relações condicionadas.

Se o objetivo da pessoa é a busca por benefícios materiais como saúde, prosperidade, riqueza, boa família, ela pode obter tudo isso de outras deidades, inclusive os *assuras* dos sistemas planetários inferiores. Algumas denominações religiosas condenam veementemente a adoração a imagens religiosas, quaisquer que sejam, mas, ao mesmo tempo, oferecem diversas sessões de rezas e orações para alcançarem justamente benefícios materiais, o que é uma contradição. A idolatria condenada é, exatamente, a idolatria às deidades materiais. Adorar uma deidade do Senhor Supremo é altamente recomendado. Ninguém consegue desenvolver amor por algo desconhecido. É preciso estabelecer uma relação direta com o Senhor para que esse amor se desenvolva. Para isso, as deidades e as imagens são fundamentais. Por outro lado, usar da religiosidade para alcançar bençãos materiais não é o mais apropriado. Obviamente que Deus é a Causa Primordial de tudo e Ele também pode nos conceder todas as benções materiais, mas o objetivo da religiosidade deve ser a evolução espiritual.

A religião serve para nos reconectar com nossa essência transcendental. Ao buscarmos benefícios materiais na religião estamos nos desviando do propósito e incrementando o materialismo nos nossos corações. Tampouco faz algum sentido condenar a idolatria e, ao mesmo tempo, usar a religião com o mesmo propósito que os antigos faziam com os ídolos proibidos por essas mesmas religiões.

O INÍCIO DA ERA DOURADA NA CIÊNCIA E NA RELIGIÃO

Quando nos rendemos totalmente ao Senhor Supremo, que é o Senhor de tudo, Ele nos dá tudo em troca. Mas o devoto puro já não quer mais nada além do Senhor. Ou seja, quando a pessoa tiver abdicado de tudo, estiver realmente desapegada da família, do trabalho, da sociedade etc., o Senhor dará tudo a ela. Enquanto a pessoa buscar a felicidade material, ela estará sempre competindo com as demais. No caso dos devotos, o Senhor sempre faz com que passem por algumas dificuldades para que se refugiem n'Ele.

Portanto, o devoto que busca a graça do Senhor deve primeiro se render a Srimati Radharani. A posição de amiga de Radha é a mais elevada de todas. São essas *gopis* que auxiliam Radha e Krishna em seus passatempos amorosos. As *gopis* passam muito mais tempo na ausência de Krishna do que na presença d'Ele. Esses raros momentos servem apenas para aumentar ainda mais o amor que elas sentem na separação d'Ele.

Nós também estamos separados de Krishna, apesar de Ele estar em tudo e em nossos corações. Sendo assim, nós devemos seguir o exemplo das *gopis* de Vrindavana e meditar constantemente em Krishna. Se a pessoa consegue lembrar-se sempre de Krishna, ela já está situada na plataforma devocional e já pode ser considerada uma devota pura, mesmo que ainda tenha alguma atividade material. A pessoa não precisa ser um mendigo, abandonar tudo para se tornar um devoto.

As *gopis* continuam com seus afazeres normais, mas fazem tudo ansiando pelo momento em que se encontrarão com Krishna. Elas executam seus afazeres todos a Krishna. Quando elas se arrumam, elas o fazem para Krishna. Quando cozinham, fazem-no para o paladar de Krishna. Todas as atividades são executadas para Krishna. Isso é o serviço devocional e deve ser o objetivo de todos nós. Ao trabalhar dessa forma, pouco a pouco, o amor vai despontando no coração e a pessoa vai desenvolvendo o gosto superior por Krishna e abandonando o gosto inferior materialista. Assim, Krishna, de dentro do coração da pessoa, vai Se revelando e revelando toda a Verdade Absoluta para a pessoa.

É por isso que por mais que a pessoa trabalhe, execute severas penitências ou estude todas as escrituras, ela jamais conseguirá penetrar no Reino de Deus se não se render a Radha. O próprio Senhor Krishna revela no *Bhagavad Gita* que os *yogis* mais elevados apenas conseguem alcançar Seu brilho, o *Brahman,* e não adentram Vaikhunta, o Reino de Deus. A prática da austeridade, da meditação profunda, do conhecimento e do controle dos sentidos sem serviço devocional faz com que esses *yogis* alcancem a liberação do Mundo Material, mas como eles não reconhecem Deus como uma Personalidade e consideram que tudo é Deus, inclusive eles próprios, ou, ainda, que Deus é como eles, ou seja, todos são Deus, esses *yogis* não conseguem penetrar no *Brahman*, fundindo-se na refulgência do Senhor. Ou seja, eles saem do Mundo Material, mas não conseguem penetrar no Mundo Espiritual, pois faltou justamente o essencial, o amor puro devocional. Somente servindo aos devotos do Senhor é que podemos alcançar esse amor puro. Esses *yogis* ficam bilhões de anos amalgamados no *Brahman* impessoal e depois têm que voltar ao Mundo Material para desenvolverem o *bhakti*, o serviço devocional amoroso. Portanto, para alcançar Krishna é preciso, primeiro, alcançar Radha.

Os cristãos consideram três aspectos da divindade em sua fé: o Pai, o Filho e o Espírito Santo. Krishna é a fonte de tudo, portanto, o Pai. Radha é o amor puro que nos enche de graça e nos permite enxergar a Verdade Absoluta, portanto, o Espírito Santo. E Jesus é o Filho, que veio a este mundo para nos livrar do pecado e nos proteger do mal. Mal que nada mais é do que o materialismo que nos mantém presos a esta vida condicionada.

No *Agama Shastra*, o Senhor Shiva, orientando sua consorte, ensina que a sílaba "ra" nos purifica dos pecados e a "ma" é como uma tranca que não permite o pecado entrar. Rama é o nome de diversas expansões do Senhor Supremo, sendo a principal delas Balarama, o irmão mais velho de Krishna em Vrindavana. A maioria das encarnações do Senhor Supremo *é* oriunda de Balarama, como o *Brahman*, o Senhor Nrisimhadeva, Vishnu, Shiva etc. Portanto, Balarama é uma segunda manifestação do Senhor, de onde tudo emana, então representa também o Filho.

Figura 60 – A deidade do Senhor Jagannatha e os três aspectos da divindade manifestados, com o Senhor Jagannatha à direita, Subhadra ao meio e Baladeva à esquerda

Fonte: Fotografia de Gaurav Masand. Disponível em: https://pt.dreamstime.com/foto--de-stock-lord-jagannath-image73798812. Acesso em: 30 jun. 2021

Radha também é conhecida como Hara, feminino de Hari. Essa palavra designa aquele(a) que rouba. Quando Krishna é chamado de Hari, Ele é comparado com o sol de outono, que "rouba" as nuvens do céu, deixando o céu limpo. Da mesma forma, o Senhor Hari "rouba" os corações e mentes de Seus devotos, que estão sempre atraídos por Ele e se purificam.

No outono, os rios se purificam, pois não há mais chuva despejando detritos na água. O devoto atraído por Hari se purifica, pois não há mais pecado fluindo para seu coração. Radha é Hara, pois ela "rouba" a mente e o coração transcendentais de Hari. O vocativo, tanto de Hara ou Hari é Hare. Por isso, os *gaudiyas vaishnavas* do mundo todo ficaram conhecidos como "Hare Krishnas", pois estão sempre cantando o *maha mantra*, o maior de todos os *mantras*, a Santíssima Trindade em sua forma mais pura e transcendental e, dessa forma, ativando sua conexão direta com o Senhor Supremo, o que não é possível de ser feito por meio de estudos empíricos, grandes austeridades ou trabalho regulado. Portanto, ao cantar o *maha mantra* Hare Krishna, estamos constantemente evocando Radha para nos levar ao nosso objetivo Krishna, que é também Rama, que nos protege e liberta da vida pecaminosa.

Hare Krishna Hare Krishna
Krishna Krishna Hare Hare
Hare Rama Hare Rama
Rama Rama Hare Hare.

Quando o Senhor se manifesta em nosso mundo, esses três aspectos sempre estão com Ele. Na encarnação de Krishna vieram Radha e Balarama. Como Ramachadra, ele foi acompanhado pelo Seu irmão e Sua esposa, Lakshmana e Sita, respectivamente. Como o Senhor Chaitanya Mahaprabhu, ele veio acompanhado do Seu irmão Nityananda e de Gadadhara Pandita. Não só Suas potências principais se manifestam com Ele, bem como todos os Seus associados íntimos descendem junto a Ele para auxiliá-lo em Sua missão.

Desse modo, as energias transcendentais do Senhor jamais ficam condicionadas no Mundo Material, tampouco existe algo que possa Lhe fazer oposição, uma vez que Ele está em tudo e as energias materiais são expansões das energias transcendentais e, assim, estão subordinadas a Ele. Não existem limites para o Senhor, nem céu, nem inferno. As disputas só acontecem no meio material, nunca no meio transcendental.

Como já foi dito, nosso plano terrestre é a fronteira entre o céu e o inferno. Habitantes de ambos os setores vêm ao nosso plano para semear e, depois, colher. Cabe a cada um de nós optar por quem alimentaremos, que tipo de solo proporcionaremos: um solo fértil para o materialismo ou um solo fértil para o lótus da devoção espiritual. Na verdade não existe bem ou mal, o que há é o caminho materialista e o caminho espiritualista. Os demônios são muito eficientes na produção de riqueza, na fertilidade, nas artes etc., porém somente os devotos podem mostrar o caminho para que voltemos ao nosso verdadeiro lar, a Morada Suprema do Senhor.

5.11 ERAM OS DEUSES ASTRONAUTAS?

Como vimos, toda cultura antiga faz alguma referência a como a humanidade foi gerada pelos "deuses". A ciência moderna traduziu isso como mitologia, como algo fantástico, uma narrativa exótica, sem conexão com a realidade, para explicar os fenômenos para os quais os antigos não tinham explicação racional. Contudo, todos os povos antigos narram mais ou menos a mesma coisa. Parece que é a ciência moderna que não consegue uma explicação racional para o tema e prefere apelar para a mitologia (DANIKEN, 2005).

Nesse sentido, a tese de Zecharia Sitchin, de que o livro *Gênesis*, da *Bíblia Sagrada*, é uma versão do *Enuma Elish*, um antigo texto sumério que descreve a criação e que, segundo o autor, descrevia como uma raça avançada de outro planeta colonizou a Terra e "criou" o ser humano a partir de um processo de manipulação genética, misturando seu próprio DNA com o dos primatas que aqui existiam, encontra ecos e respaldo nas narrativas de outras culturas antigas (SITCHIN, 2017).

Figura 61 – *Crop circle* em fazenda em Wiltshire, RU, representando o Selo de Vishnu

Fonte: fotografia de Krzysiek73. Disponível em: https://pt.dreamstime.com/colha-o-c%-C3%ADrculo-apareceu-no-campo-unbeliev-image117674857. Acesso em: 30 jun. 2021

Já vimos que a região descrita pela *Bíblia* como "Jardim do Éden" compreende, provavelmente, o triângulo conhecido como "Crescente Fértil" pelos historiadores, entre os atuais territórios da Etiópia, Iraque e Turquia. Na própria *Bíblia*, muitas cidades antigas dessa região são condenadas pela adoração a falsos deuses ou demônios, que são retratados como anjos caídos.

Ora, os *assuras* são as criaturas que povoaram o universo. Os *devas* também são *assuras*, mas são aqueles inclinados ao serviço devocional à Suprema Personalidade de Deus e, por isso, com o tempo, passaram a ser designados de forma separada dos *assuras*, que mantinham uma inclinação maior ao gozo dos sentidos e ao trabalho fruitivo materialista.

O próprio termo demônio, que deriva do grego *daemon*, antigamente se referia a entidades benéficas e maléficas; depois, com o tempo, o termo passou a ser utilizado somente para se referir a entidades de polaridade negativa. Assim, *devas*, deuses e anjos passaram a se referir somente aos devotos do Senhor e *assura*, *daemon* e demônio aos materialistas. Entretanto, em todas as narrativas ambos têm as mesmas origens. A diferença entre eles, portanto, é interna, em seu caráter e em sua atitude, e não na aparência externa.

Durante o Império Persa, Zoroastro, também chamado de Zaratrusta, foi levado pelos *ahuras* (*assuras*), que lhe mostraram como eles eram os criadores da humanidade. Os *ahuras* convenceram Zoroastro de que eles eram os criadores e, portanto, os *devas* que lutavam contra eles é que tinham a polaridade negativa, da destruição. Dessa forma, dentro do zoroastrismo, os *ahuras* são adorados como divindades criadoras e os *devas* são considerados maléficos, pois combatem os *assuras*.

Os nórdicos chamavam os seres celestiais de *aesir*. A cultura persa zoroastrista é muito semelhante às demais culturas antigas do Oriente Médio, como os antigos egípcios, sumérios e acadianos. Os deuses sumérios eram os *annunakis*, descritos na *Bíblia* como os gigantes Anaquins ou Enaquins, aqueles que vieram de *anu*, céu, uma variação do sânscrito *assu*. Portanto, *assura*, *ahura*, *annunaki*, *aesir*, todos se referem a entidades que estão em outras dimensões. Existe um rio na Rússia chamado *Sura* e existem comunidades antigas na Babilônia, na Síria, na Turquia e até na Romênia com esse nome.

A ciência moderna não pode tratar todas essas "coincidências" históricas como mero acaso mitológico. Até mesmo os astecas receberam bem os espanhóis, pois acreditavam se tratar de seus irmãos brancos que tinham vindo do "além", retornando depois de muitos séculos. Eles, inclusive, guardavam ouro para ser entregue.

Culturas antigas da África e da América do Norte também narram como seus antepassados vieram das estrelas. A estrela Sírius recebeu esse nome porque os antigos consideravam que era o local de onde tinham vindo os *assuras*. Os assírios e, posteriormente, a Síria, foram nomeados graças a essa antiga referência, e os antigos reis da região eram referidos sempre como *assuras*, Puzurassur, Assuruballit, Assurnasirpal, entre outros. A própria região chamava-se Assuristão, terra dos *assuras*, entre os séculos III e VII d.C.

5.12 O SENHOR SEMPRE ATENDE NOSSOS DESEJOS

Algumas pessoas afirmam que Deus não existe, pois, se existisse, não permitiria as maldades que presenciamos. Elas dizem: "Onde está Deus?". Acontece que todos nós possuímos o livre-arbítrio. Nossa relação original é de amor puro transcendental, porém, se o sujeito deseja experimentar a posição de Deus, como o desfrutador central, o Senhor Supremo permite que ele experimente essa posição.

O Mundo Material é criado a partir do nosso próprio falso ego, do nosso isolamento com a energia divina. Entretanto, como um pai afetuoso que sempre atende ao pedido do filho, a Suprema Personalidade de Deus entra nessa área escura e fria criada pelo nosso distanciamento para que possamos experimentar a sensação de sermos os deuses dentro do nosso próprio universo. Assim surgem os milhões de universos materiais.

O Mundo Material é um constructo do nosso livre-arbítrio. Deus permite que vivamos aqui enquanto desejarmos. Este é o nosso mundo. Se todos querem ser o desfrutador, quem será o desfrutado? Daí surgem o tempo e a lei do *karma*, causa e efeito. Todos colhem o que plantam. Desse modo, o sujeito se enreda em sucessivos nascimentos e mortes, sempre projetando sua felicidade em algo distante. Sempre que a pessoa alcança o objeto de desejo, aquela sensação de felicidade dura pouco e ela desenvolve um novo objeto do desejo. Assim é o materialismo, a felicidade é sempre momentânea.

O materialismo é um sistema em que a pessoa está sempre oscilando entre a ansiedade de alcançar o objeto de desejo e a frustração quando esse objeto é ou não alcançado. Mesmo quando o objeto é alcançado, a felicidade adquirida nunca se compara com as expectativas criadas e o objeto dos desejos também gera frustração.

A mente nunca fica satisfeita. Sua função é sempre desejar, pensar e sentir. Tão logo o objeto é alcançado e sentido, a mente passa a desejar e a pensar em algo novo. Portanto, não existe satisfação plena na matéria, pois estamos sempre iludidos, projetando nossa felicidade em algo falso. Só seremos verdadeiramente felizes quando servirmos ao Senhor. Aí está a bem-aventurança plena, nosso verdadeiro objetivo.

O ser vivo condicionado no corpo material está sempre projetando seus desejos. Quando morre, assume um novo corpo de acordo com seus desejos projetados na vida passada, somados ao *karma* de suas ações. Não adianta um sujeito desejar ser rico e gastar tudo o que ganha com festas, sexo, bebidas e jogatina. Ou outro querer ter um corpo bonito e saudável e passar o dia sentado comendo comidas gordurosas.

O fato é que o primeiro não deseja ser rico, ele deseja ter dinheiro para gastar com festas. Sendo assim, não alcançará a riqueza, mas uma vida de festas, bebidas e sexo e, provavelmente, nascerá como prostituta na próxima vida. Já o segundo não deseja ser saudável de fato. O que ele realmente deseja é ficar sentado comendo bastante. Sendo assim, nascer como um porco já seria o suficiente para saciar esse desejo. São nossas ações que nos guiam no mundo, Deus não interfere no nosso livre-arbítrio.

O Senhor não interfere no nosso "mundinho particular" que criamos para brincar de "deuses", mas Ele está sempre disposto para conosco. Por isso Ele penetra nesta zona escura, para que o Mundo Material seja manifestado para nosso desejo, uma vez que nada existe além d'Ele. Ele penetra dentro de cada universo particular, cada corpo material particular e em cada átomo, para dar sustentação à matéria, para que possamos experimentar a vida longe do serviço devocional amoroso. O Senhor sempre atende o desejo do ser vivo. Se o ser vivo quer viver apartado d'Ele, o Senhor permite e ainda dá as condições para isso.

Dizem que a cada passo que o ser vivo dá em direção ao Senhor, Ele dá cem passos em direção ao ser vivo. Quando o sujeito tenta recobrar sua consciência original como servo divino do Senhor, Deus nos dá todas as ferramentas, porque Ele quer nos retirar dessa condição de vida miserável. Ele quer que sejamos verdadeiramente felizes, plenamente realizados, e isso só é possível em uma relação de amor puro transcendental com Ele. Isso acontece porque somos Suas partes. Quando a parte é separada do todo ela perde seu propósito. Essa é a razão da nossa constante frustração. Nosso único e verdadeiro objeto de desejo é o Senhor Supremo. Ao buscar outros objetos para nos satisfazer, nunca ficamos verdadeiramente satisfeitos.

Quando nos rendemos de corpo e alma ao Senhor e entregamos tudo a Ele, o Senhor retribui. Tudo emana d'Ele, portanto, em última análise, não possuímos nada, nem mesmo a nossa vida nos pertence, uma vez que irradiamos d'Ele. Quando o ser vivo reconhece isso e se rende totalmente ao Senhor, entregando tudo a Ele, o Senhor também Se entrega totalmente ao Seu devoto. Só o que possuímos são nossas experiências e ações. Só podemos entregar ao Senhor isso, pois todo o resto já é d'Ele e, ao entregarmos isso a Ele, nossa vida em Seu serviço devocional, o Senhor retribui, dando-nos tudo que Ele possui, ou seja, tudo. Daí alcançamos a plenitude da existência e a verdadeira felicidade.

O Senhor sempre satisfaz nossos desejos, mas Ele é especialmente inclinado para com Seus devotos. Ele permite que o ser vivo alcance seus desejos materialistas mais obscuros, porém, quando alguém se dirige com humildade e devoção a Ele, o Senhor se inclina favoravelmente a essa pessoa e remove todos os obstáculos para que ela avance espiritualmente. O Senhor é equânime com todos, mas especialmente favorável aos Seus devotos.

5.13 O SENHOR DOURADO INICIA A ERA DOURADA

Como o Senhor é especialmente favorável a Seus devotos, Ele está sempre descendo ao Mundo Material para executar Seus passatempos para deleite dos devotos – derrotar os materialistas e reestabelecer os princípios da religião. A natureza do Mundo Material é o materialismo, a busca pela satisfação dos sentidos materiais, por isso o materialismo é sempre crescente. Somente com o advento do Senhor é que o materialismo é refreado e os devotos têm um refresco nectáreo revigorante para incrementarem o caminho da espiritualidade.

Quando o Senhor Krishna partiu deste mundo, iniciou-se a era de Kali, das desavenças. Ele havia destronado todos os reis materialistas e colocado os pandavas no poder, mas Ele sabia que, com o tempo, o materialismo iria crescer novamente. Já abordamos os ciclos das eras e como esse ciclo em particular é especial devido ao fato de o Senhor Krishna sempre surgir em *dwapara-yuga*, a segunda era. No entanto, nesse ciclo em particular, ocorre uma sobreposição entre *dwapara* e *treta-yuga*, e Krishna advém pouco antes de *kali-yuga*, tornando os efeitos dessa era mais amenos. Quando isso ocorre temos uma Era Dourada de 12 mil anos dentro da *kali-yuga*, que dura um total de 432 mil anos.

Já abordamos também o fato de que o Senhor Supremo sempre assume funções específicas dentro do universo material quando não há nenhum ser vivo qualificado para essa função e que esse é o caso de Brahma, o Grande Arquiteto do Universo, atualmente. Portanto, o Senhor Brahma deste universo particular é também o Senhor Supremo disfarçado de personalidade comum, o que torna este universo especial. Jesus Cristo adveio para preparar os materialistas para a Era Dourada. Ele ensinou os princípios básicos da vida religiosa. Jesus Cristo é uma encarnação do Senhor Brahma, portanto, ele é tanto o Pai quanto o Filho, uma vez que Brahma é o próprio Senhor disfarçado.

Em 1486, na região da Bengala, na Índia, o Senhor adveio como Sri Chaitanya Mahaprabhu, também conhecido como Gauranga, que quer dizer dourado, devido à sua tez. O Senhor Gauranga derrotou todos os filósofos de sua época ainda na juventude e estabeleceu a filosofia de *achintya bheda abheda tattva*, que significa inconcebível realidade dual e não dual ao mesmo tempo. Se tudo emana de Deus, então a realidade é uma, porém, o Mundo Material surge do nosso falso ego, do nosso desejo egoísta, portanto, Deus permite que vivamos a parte d'Ele e, sendo assim, a realidade é também dual.

Deus é onipenetrante, Ele está em tudo e tudo repousa n'Ele, por conseguinte, a realidade é uma só. Mas Ele não se contamina pela matéria, somente nós vivemos a dualidade do Mundo Material. Ele está dentro dos nossos corações como Superalma, por isso somos unos com Deus, só que Ele permite que vivamos apartados do Mundo Espiritual devido ao nosso desejo e que, apesar de estar sentado ao nosso lado dentro do coração material, o Senhor permite que nos esqueçamos d'Ele para experimentarmos a vida material, mas apartados d'Ele. Esse é o significado da filosofia *achintya bheda abheda tattva*, instaurada pelo Senhor Chaitanya Mahaprabhu.

É dito que o Senhor queria experimentar o gosto que Seus devotos sentem em Seu serviço devocional. Assim, Ele assumiu o corpo de Radha e adveio como Senhor Gauranga. Radha é dourada. Krishna assume o corpo de Radha para experimentar a doçura que Ela sente ao servi-l'O. Radha é a personificação do Amor Puro Divino, o que os cristãos chamam de Espírito Santo. Ela é a outorgadora desse amor (que é Ela própria) e somente Ela pode conceder esse amor. Por isso os devotos em Vrindavana estão sempre invocando Radha – "Radhe! Radhe!". Radha é também Gauri, dourada, assim como o Senhor Chaitanya Mahaprabhu e, por esse motivo, Seus devotos são os *gaudiyas vaishnavas* (KRSNADASA, 1984).

Esse é o humor do Senhor. Ele não está preocupado em ser adorado pessoalmente. Ele está sempre inclinado aos Seus devotos, por isso acolhe aqueles que servem aos Seus devotos. Esse é outro dos ensinamentos do Senhor Chaitanya Mahaprabhu. O Senhor Gauranga deixou apenas oito versos escritos, chamados de *shikshastakam*, que significa instrução em oito partes. Ele fez isso para que Seus discípulos disseminassem Seus ensinamentos, da mesma forma como aconteceu com Jesus Cristo. O Senhor Krishna também agiu dessa forma e os heróis do *Mahabharata* são Arjuna e seus irmãos, os pandavas. O Senhor é como um pai afetuoso, que gosta de ver Seus filhos crescerem e prosperarem. Ele não quer as glórias para Si, Ele as quer para Seus devotos.

Eu não sou um sacerdote erudito (brahamana),
Não sou um membro da nobreza aristocrática (kshatrya),
Não sou um comerciante (vaishya) e tampouco um trabalhador (shudra).
Não sou estudante, chefe de família,
Aposentado ou mestre.
Eu me identifico somente como
O servo do servo do servo dos pés de lótus do Senhor Krishna,
O mantenedor das gopis.
Ele é como um oceano de néctar e
Ele é a causa da transcendental bem-aventurança de toda manifestação.
Ele é eterno e brilhante.

(Rupa, 2008).

Esse verso, o 74 do *Padyavali*, uma coletânea de versos de um dos principais discípulos do Senhor Chaitanya Mahaprabhu, Srila Rupa Goswami, traduz bem qual é o verdadeiro sentimento de devoção espiritual.

O Senhor Chaitanya Mahaprabhu sabia que em *kali-yuga* as pessoas, em geral, são desqualificadas, por consequência, não há como exigir delas uma religiosidade baseada em grandes austeridades, cerimônias ritualísticas complicadas, estudos avançados etc. Foi por essa razão que Ele instituiu o movimento de *sankirtana*, que é o canto congregacional dos Santos Nomes do Senhor.

Ele nos ensinou que na era de *kali* basta a pessoa se reunir com os devotos do Senhor e cantar Seus Ssantos Nomes com devoção que ela alcançará a meta última da vida. E, para isso, Ele nos ensinou o *maha mantra*:

Hare Krishna Hare Krishna
Krishna Krishna Hare Hare
Hare Rama Hare Rama
Rama Rama Hare Hare.

"Pai nosso que estais no céu, santificado seja vosso Nome, venha a nós o Vosso Reino..." – essa oração indica que o Nome do Senhor é santificado. Cantando os Santos Nomes, o Reino do Senhor "vem" até nós, em nossos corações, pois nos conectamos diretamente com Ele. A dualidade só existe no Mundo Material. No Mundo Espiritual não há dualidade. O nome não é diferente do nominado. Dizer Krishna é o mesmo que estar com Krishna e, por isso, quando cantamos o *maha mantra* é como se estivéssemos pessoalmente em Goloka Vrindavana, o Reino do Senhor.

Mas ninguém pode alcançar o Senhor senão por Radha. E ninguém pode alcançar Radha senão por Seus devotos. *"Dasanudasah"*, "servo do servo". Por isso Jesus disse: "Eu sou o caminho, a Verdade e a Vida". Para alcançar o Senhor as pessoas precisam servir aos devotos d'Ele. Jesus apareceu como um devoto do Senhor. O Senhor Gauranga também, apesar de ambos serem o próprio Senhor disfarçado. Jesus era tanto o Pai quanto o Filho. O Senhor Gauranga é Pai, Filho e Espírito Santo também, pois é o Pai (Krishna) no corpo de Radha (Espírito Santo) para saborear o néctar da devoção do serviço devocional como um devoto (Filho). Assim, o Filho da Santíssima Trindade representa o devoto do Senhor, o mestre espiritual que todos devemos aceitar e servir submissamente caso desejemos receber o Espírito Santo (Amor Puro Transcendental) a fim de alcançar o Senhor (Pai).

Figura 62 – Jesus Cristo recebendo iniciação na vida espiritual de João Batista, no Rio Jordão

Fonte: fotografia de Jorisvo de vitral da Catedral de Notre Dame (Nossa Senhora), em Paris. Disponível em: https://pt.dreamstime.com/vidro-detido-em-notre-dame-des-flots-le-havre-batismo-de-jesus-preso-na-capela-sainte-adresse-fran%C3%A7a-representando-o-por-s%C3%A3o-image156301599. Acesso em: 30 jun. 2021

O próprio Senhor aceitou um mestre espiritual toda vez que descendeu a este mundo, apesar de ser o mestre dos mestres, para dar o exemplo e também para satisfazer Seus devotos, sendo seu discípulo. O Senhor Krishna, quando criança, foi para *gurukula*, a escola do mestre espiritual, onde foi instruído por Sandipani Muni. Jesus Cristo aceitou a iniciação de João Batista. Sri Chaitanya Mahaprabhu tinha como mestre espiritual Isvara Puri.

No sistema *gaudiya vaishnava*, os devotos cantam o *maha mantra* em um *japamala* com 108 contas feitas de *nim* ou *tulasi*, separadas por um nó. *Tulasi* é a planta favorita de Krishna. É prima do manjericão. Suas folhas são usadas como tempero nas refeições preparadas em oferecimento ao Senhor e sua fina madeira é usada para fazer *japamalas* e colares, chamados *kunti*, com os quais os devotos ficam protegidos e se identificam. Já a madeira *nim* é a árvore sob a qual o Senhor Gauranga nasceu, sendo também conhecido como Nimai. Essa madeira também é utilizada pelos *gaudiya vaishnavas* para confeccionar *kuntis* e *japas*. Tanto a *tulasi* quanto *nim*, possuem propriedades antissépticas e antioxidantes, entre outras, assim como o movimento de *sankirtana* do Senhor Gauranga, que purifica o coração e todo ambiente.

Pelo sistema *vaishnava*, quando a pessoa recebe iniciação do *guru*, o mestre canta uma volta completa de *maha mantra* utilizando sua *japa* pessoal e uma *japa* "virgem", que será entregue ao iniciado. Portanto, o *mantra* é passado fisicamente de uma *japa* para outra pelas mãos do *guru*.

Figura 63 – Deidade do Senhor Gauranga Mahaprabhu

Fonte: fotografia de Ram Das. Disponível em: https://pt.dreamstime.com/imagem-editorial-caitanya-mahaprabhu-image80396555. Acesso em: 30 jun. 2021

O Senhor Chaitanya Mahaprabhu é a encarnação da Santíssima Trindade, o Senhor Supremo, o Amor Puro Personificado e o Devoto Puro Personificado. Na verdade, dentro da *gaudiya vaishnava* consideramos o Senhor Gauranga expandido como *panca-tattva* ou os cinco aspectos da devoção transcendental, a saber: o devoto, a encarnação devocional, a manifestação devocional, o devoto puro e a energia devocional. Também representam os cinco aspectos da divindade, a saber: a Suprema Personalidade de Deus, o Senhor Chaitanya Mahaprabhu, no centro do *panca-tattva*; Sua porção plenária, o Senhor Nityananda Prabhu, de azul, do lado esquerdo; Sua encarnação, Advaita Acharya, de branco, no canto esquerdo; Suas energias, representadas por Sri Gadadhara Pandita, do lado direito; Seus devotos, representados por Srivasa Thakura, no canto direito.

O Senhor se expande infinitamente e, por isso, Ele se expande em porções plenas de poder para executar diversas funções específicas. Diante disso, sempre que o Senhor descende a este mundo, Sua porção plenária, também descende, normalmente como Seu irmão. O Senhor Krishna tinha Balarama, o Senhor Rama tinha Lakshmana e o Senhor Chaitanya tem Nityananda. Vishnu, Shiva e o atual Brahma não são expansões diretas do Senhor Supremo, mas de Sua porção plenária. Obviamente, Eles não são diferentes. Da mesma forma que o mestre espiritual não é diferente do Senhor Supremo, ele deve ser adorado como tal e, assim, o devoto consegue alcançar Deus. Ninguém alcança Deus diretamente, somente por intermédio do Seu devoto, e é isso que Advaita Acharya simboliza.

Um dos motivos pelos quais o Senhor Chaitanya apareceu foi para atender Seu devoto Advaita Acharya, que orou todos os dias, oferecendo *tulasi* ao Senhor, para que o Senhor descendesse para iniciar a Era Dourada. Advaita significa não dual, o que quer dizer que Advaita não é diferente do Senhor. Na verdade, ele é considerado uma encarnação do Senhor Vishnu e, dentro do *panca tattva*, simboliza o mestre espiritual, o *guru*, o *acharya*, que também não pode ser considerado diferente do Senhor Supremo.

Sri Radha, a personificação máxima das energias divinas, também está encarnada como Gadadhara Pandita. E, por fim, temos Srivasa Thakura representando todos os devotos do Senhor. Nenhum desses aspectos pode ser considerado separado do Senhor e deve ser adorado como tal.

Portanto, temos uma expansão do conceito da Santíssima Trindade, um detalhamento maior desses três aspectos divinos que podem ser explicados em cinco partes. Deus é um, mas sua potência é ilimitada e pode ser explicada como trina ou quíntupla ou ainda mais dependendo da abordagem adotada. A importância de se entender o *panca-tattva* é compreender que os devotos do Senhor não são diferentes d'Ele e, somente por meio deles podemos alcançar o Supremo.

5.14 O MOVIMENTO DE SANKIRTANA DO SENHOR GAURANGA

O Senhor Chaitanya Mahaprabhu deixou para Seus discípulos a missão de propagarem Seu movimento de *sankirtana* pelo mundo. Cante Hare Krishna e seja feliz! Seus discípulos principais eram seis e ficaram conhecidos como os seis *goswamis*. Eram eles: os irmãos Rupa e Sanatana, o sobrinho deles, Jiva, Raghunatha Bhatta, Gopala Bhatta e Raghunatha dasa Goswamis. Todos eles eram discípulos diretos do Senhor Gauranga.

O autor do livro *Caitanya Caritamrta*, que narra toda a história do Senhor Chaitanya Mahaprabhu, Srila Krsnadasa Kaviraja Goswami, era discípulo direto de Srila Rupa e Raghunatha dasa Goswamis. A corrente de sucessão discipular de Krsnadasa Kaviraja, por onde os Santos Nomes do Senhor foram sendo repassados de mão em mão, de *japa* a *japa*, de coração para coração, segue por Srila Narottama dasa Thakura, que aceitou Srila Visvanatha Chakravarti como seu discípulo e servo querido que, por sua vez, foi o mestre espiritual de Srila Jagannatha dasa Babaji, o qual iniciou Srila Bhaktivinoda Thakura, de quem falaremos logo adiante. Todos esses mestres deixaram vasta literatura devocional para os interessados no desenvolvimento da vida espiritual.

Segue agora uma tradução dos oito versos deixados pelo Senhor Gauranga, o *shikshastakam*. Esses versos servem de guia-mestra para todo espiritualista sincero. Sugerimos, a todos os leitores, que busquem os versos originais em sânscrito. O estudo do sânscrito, ao ler os textos sagrados, é importante para uma melhor compreensão da mensagem a ser transmitida. A riqueza da língua original não consegue ser transmitida nas traduções e um pouco do significado se perde. A tradução a seguir é de Srila Prabhupada, que é um dos poucos capazes de transmitir a mensagem original ao traduzir um texto sagrado como esse:

—

O INÍCIO DA ERA DOURADA NA CIÊNCIA E NA RELIGIÃO

1

Glória ao sri-krishna-sankirtana que limpa o coração de toda poeira acumulada durante anos e extingue o fogo da vida condicionada, de repetidos nascimentos e mortes. O movimento sankirtana é a bendição máxima para a humanidade em larga escala porque propaga os raios da Lua da bendição. É a vida de todo conhecimento transcendental. Incrementa o oceano de bem-aventurança transcendental e nos capacita a saborear plenamente o néctar pelo qual estamos sempre ansiosos.

2

Ó meu Senhor, somente Seu santo nome pode conceder toda bênção para os seres vivos e, por isso, o Senhor tem centenas de milhões de nomes, como Krishna e Govinda. O Senhor investiu todas as Suas energias transcendentais nesses nomes transcendentais. E nem mesmo existem regras difíceis ou rígidas para cantar esses nomes. Ó meu Senhor, por Sua bondade nos capacitou a nos aproximar facilmente de Você por cantar Seus Santos Nomes, mas eu sou tão desventurado que não tenho atração por eles.

3

Deve-se cantar o santo nome do Senhor num estado mental de humildade, por considerar-se inferior a uma palha na rua; deve-se ser mais tolerante do que uma árvore, desprovido de todo senso de falso prestígio, e pronto para oferecer todo respeito aos outros. Nesse estado mental a pessoa pode cantar o santo nome do Senhor constantemente.

4

Ó Senhor todo-poderoso, não tenho desejo de acumular riqueza, nem desejo belas mulheres, nem quero nenhum número de seguidores. Só quero Seu serviço devocional incondicionado nascimento após nascimento.

5

Ó filho de Nanda Maharaja (Krishna), sou Seu servo eterno, mas por algum motivo caí no oceano de nascimento e morte. Por favor, pegue-me deste oceano de morte e coloque-me como um dos átomos de Seus pés de lótus.

6

Ó meu Senhor, quando meus olhos ficarão decorados com lágrimas de amor a fluir constantemente quando eu cantar Seu santo nome? Quando minha voz ficará embargada e quando os cabelos do meu corpo se arrepiarão com a recitação do Seu nome?

7

Ó Govinda! Por sentir Sua separação, considero um momento como doze anos ou mais. Lágrimas fluem de meus olhos como torrentes de chuva e eu sinto tudo vazio no mundo na Sua ausência.

8

Não conheço ninguém além de Krishna como meu Senhor e Ele permanecerá assim mesmo se me apertar fortemente com Seu abraço ou partir meu coração por não estar presente diante de mim. Ele é completamente livre para fazer qualquer coisa e tudo, porque Ele é sempre o meu Senhor adorável incondicionalmente.

—

Foi o Senhor Chaitanya Mahaprabhu e seus discípulos que localizaram e identificaram os locais onde aconteceram os passatempos do Senhor Krishna em Vrindavana, bem como estabeleceram templos para visitação de todos. Alguns templos na Índia não podem ser visitados por qualquer pessoa. Por isso que em Jagannatha Puri ocorre, uma vez por ano, um festival em que a deidade passeia pela cidade para que todos possam vê-la. Um ocidental, por exemplo, não pode entrar no templo do Senhor Jagannatha. Assim, o movimento de *sankirtana*, do Senhor Gauranga, destina-se a todas as pessoas, não importa sua qualificação, nacionalidade, condição de vida etc.

Os templos da *gaudiya vaishnava* estão sempre abertos para todos, sem discriminação. A pessoa que quiser ser iniciada na vida espiritual e entrar para a família dourada, basta seguir os quatro princípios da religião, a saber: não comer nenhum tipo de carne, peixe ou ovos; não praticar jogos de azar; não fazer sexo fora do casamento; não se intoxicar e cantar os Santos Nomes do Senhor, reunindo-se com os devotos. A pessoa deve aceitar um devoto puro como seu mestre espiritual e servi-lo como ao próprio Senhor.

O Senhor Chaitanya iniciou Seu movimento de *sankirtana* há pouco mais de 500 anos. Pelo calendário *gaudiya vaishnava*, o ano 2000 da Era Cristã corresponde ao ano 515 da Era Dourada. Não é coincidência que, quando o Senhor Gauranga veio a este mundo, iniciou-se o que os historiadores chamam de Renascimento. A humanidade passou a questionar antigos valores. Foi a época das grandes navegações e da colonização do mundo pelos cristãos.

Para que o movimento de *sankirtana*, do Senhor Chaitanya, alcançasse todo mundo, era necessário que o mundo todo estivesse conectado, globalizado e compreendendo os mesmos princípios básicos da religião, o que foi proporcionado pelas grandes navegações, pelas colonizações e pelo cristianismo. Ainda que os objetivos e valores que moveram todos esses movimentos possam ser legitimamente questionados, o fato é que eles proporcionaram um cenário favorável para a expansão do movimento de *sankirtana*.

5.15 O MOVIMENTO HARE KRISHNA SE ESPALHA POR TODO O MUNDO

Anteriormente, analisamos a linha de sucessão discipular do Senhor Chaitanya Mahaprabhu até Srila Bhaktivinoda Thakura. Srila Bhaktivinoda Thakura era um grande devoto do Senhor que viveu na Índia entre 1838-1914. Era um erudito estudioso, foi professor e depois magistrado. Ele era erudito tanto em filosofia védica e *vaishnava* quanto em filosofia ocidental e religiões ocidentais. Foi ele quem encontrou o local de nascimento do Senhor Chaitanya Mahaprabhu.

Na sua época, o movimento de *sankirtana*, do Senhor Chaitanya, havia se ramificado em diversas escolas filosóficas, muitas delas apresentando condutas e ensinamentos contraditórios aos originais. Este parece ser um movimento natural de toda religião: um líder santo inaugura um movimento espiritual fidedigno, mas seus sucessores se perdem no caminho da vaidade e do falso prestígio. Era preciso reestabelecer o movimento *gaudiya vaishnava* e difundi-lo pelo mundo todo.

Vinoda significa prazer, diversão. Bhaktivinoda é aquele que sente prazer em *bhakti*, devoção, ou, ainda, aquele que outorga o prazer da devoção. Bhaktivinoda é um título recebido, seu nome espiritual. É normal um devoto receber um nome espiritual do mestre quando se inicia na vida espiritual, abandonando seu nome material. E quando esse devoto se torna um grande mestre, ele recebe um título apropriado. Esse é o caso de Bhaktivinoda.

Srila Bhaktivinoda Thakura escreveu livros devocionais em diversas línguas e orou muito para que tivesse um filho qualificado para difundir os Santos Nomes do Senhor pelo mundo todo. Foi nesse contexto que nasceu Srila Bhaktisiddhanta Sarasvati Thakura. Ele nasceu com marcas de *tilaka* e *kunti* pelo corpo, indicando não se tratar de uma criança comum. Aos 9 anos ele havia decorado todos os 700 versos do *Bhagavad-Gita* em sânscrito.

Figura 64 – Da esquerda para direita, Srila Bhaktivinoda Thakura Srila Gaurakishora das Babaji e Srila Bhaktisiddhanta Sarasvati Thakura[29]

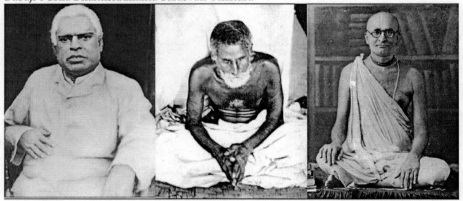

Fonte: fotografias disponíveis em: http://www.krishna.com/life-srila-bhaktivinoda-thakur; http://www.vrindaban.co/details.php?image_id=1166 e https://theharekrishnamovement.org/2015/12/28/srila-bhaktisiddhanta-sarasvati-goswami-prabhupadas-disappearance-day/

Bhaktisiddhanta significa versado na ciência de *bhakti* ou, ainda, aquele que pode estabelecer a ciência de *bhakti*. Ele se tornou o líder dos *gaudiya vaishnavas* e, certa vez, foi visitado por um devoto, farmacêutico, pai de família, e Bhaktisiddhanta disse a esse devoto que ele falava bem inglês e que ele espalharia o movimento *gaudiya vaishnava* no Ocidente. Esse devoto ainda não estava preparado na época, mas se tornou Srila Bhaktivedanta Swami Prabhupada e viajou para os EUA já em idade

---

[29] Srila Bhaktivinoda Thakura foi o pai de Srila Bhaktisiddhanta Sarasvati Thakura, que teve como mestre espiritual Srila Gaurakishora das Babaji, este último em uma fotografia de 1900, ao centro. Não foi possível rastrear a origem dessas fotografias. São fotografias utilizadas e compartilhadas pelos devotos há anos. Todo altar *gaudiya vaishnava* possui fotos destes mestres.

avançada e tornou o movimento Hare Krishna conhecido no mundo todo, fundando a ISKCON, que em inglês significa Sociedade Internacional para Consciência de Krishna.

Figura 65 – Srila Bhaktivedanta Swami Prabhupada, o fundador Acharya da ISKCON e responsável pela difusão do movimento de *sankirtana*, do Senhor Chaitanya Mahaprabhu, pelo mundo todo

Fonte: fotografia de Dhananjay Bhagat, de estátua em templo em Pune, Índia. Disponível em: https://pt.dreamstime.com/srila-prabhupada-belo-%C3%ADdolo-de-fundadora--da-sociedade-iskcon-no-templo-em-pune-image185651570. Acesso em: 30 jun. 2021

Bhaktivedanta significa verdadeira natureza de *bhakti*. Srila Bhaktivedanta Swami Prabhupada é aquele que possui, compreende e pode outorgar o verdadeiro serviço devocional ao devoto. Por isso recomendamos a leitura dos textos sagrados traduzidos e comentados por ele e pelos demais *gurus* mencionados neste livro, pois somente quem detém *bhakti* pode outorgá-la.

Srila Prabhupada se aposentou e se retirou da vida familiar (*sannyasa*), dedicando-se integralmente à vida espiritual e à tradução do *Srimad Bhagavad-Gita*, *Srimad Bhagavatam* e *Sri Chaitanya Charitamrta*, entre outros, para o inglês.

Em 1965, aos 69 anos, Srila Prabhupada veio de carona em um navio, em uma longa viagem, da Índia até Nova York, onde se estabeleceu, na casa de uma família de indianos que o acolheu. Prabhupada não tinha nenhum recurso financeiro e nem fonte de renda. Dependia da doação e da ajuda de devotos. Ele ia ao Central Park, onde ficava cantando o *maha mantra* e despertava a curiosidade das pessoas. Em um ano ele conseguiu reunir um pequeno grupo de devotos e abriu um pequeno templo, fundando a ISKCON.

Não por acaso, na mesma época, o mundo ocidental viveu uma onda de quebra de paradigmas e mudança de pensamento. A lógica da Guerra Fria era questionada bem como os padrões da vida ocidental e todas as suas contradições. O mundo passava por uma grande mudança.

Srila Prabhupada era um homem franzino, não tinha posses, mas foi capaz de mudar o mundo, direta e indiretamente.E tudo isso só é possível graças ao poder divino do Senhor. Quando um devoto se entrega ao Senhor, o Senhor entrega tudo ao devoto. Hoje, a ISKCON possui templos luxuosos no mundo todo. O movimento Hare Krishna veio para ficar.

Ele pode ser considerado uma religião, mas está além disso. O movimento de *sankirtana*, do Senhor Chaitanya Mahaprabhu, está além de qualquer religião ou instituição. É um caminho individual que pode ser percorrido por qualquer pessoa, de qualquer credo, de qualquer nacionalidade ou de qualquer etnia. Bem-vindo à Era Dourada! Cante Hare Krishna e seja feliz!

Hare Krishna Hare Krishna
Krishna Krishna Hare Hare
Hare Rama Hare Rama
Rama Rama Hare Hare.

Om tat sat

REFERÊNCIAS

ABDOUNOUR, O. J. *Matemática e música.* São Paulo: Escrituras, 2000.

ARUTOOSORNO. Disponível em: https://pt.dreamstime.com/modelo-da-pir%-C3%A2mide-em-tenochtitlan-e-do-centro-cerimonial-dos-astecas-antes-conquista-espanhola-no-vale-anahuac-hoje-cidade-image186818339. Acesso em: 29 jun. 2021.

ATTAPHONG. Disponível em: https://pt.dreamstime.com/topologia-do-tronco-circunda-matem%C3%A1tica-geom%C3%A9trica-em-fundo-branco-image198703522. Acesso em: 16 jun. 2021.

AUM016. Disponível em: https://pt.dreamstime.com/sistema-chakra-dos-campos-de-torus-energia-humana-d-ilustra%C3%A7%C3%A3o-do-image200968819. Acesso em: 16 jun. 2021.

BAIGENT, M.; LEIGH, R.; LINCONL, H. *O Santo Graal e a linhagem sagrada.* Rio de Janeiro: Nova Fronteira, 2015.

BARBULAT, D. Disponível em: https://pt.dreamstime.com/movimento-de-balan%C3%A7o-ou-acendimento-um-objeto-sim%C3%A9trico-dispon%C3%ADvel-em-alta-resolu%C3%A7%C3%A3o-e-boa-qualidade-para-atender-%C3%A0-s-image200883668. Acesso em: 27 jun. 2021.

BHAGAT, D. Disponível em: https://pt.dreamstime.com/srila-prabhupada-belo-%C3%ADdolo-de-fundadora-da-sociedade-iskcon-no-templo-em-pune-image185651570. Acesso em: 30 jun. 2021.

BÍBLIA SAGRADA. Disponível em: https://www.bibliaonline.com.br/. Acesso em: 15 jun. 2021.

BUCH. Disponível em: https://pt.dreamstime.com/ordens-de-cavalaria-her%-C3%A1ldica-cavaleiros-medievais-cria%C3%A7%C3%A3o-do-vetor-cavalheirismo-militares-e-religiosas-emblemas-her%C3%A1lgicos-image191236688. Acesso em: 23 jun. 2021.

BYELIKOVA. Disponível em: https://pt.dreamstime.com/foto-de-stock-geoglyphs--e-linhas-no-deserto-de-nazca-peru-image53748275. Acesso em: 29 jun. 2021.

CARTU13. Disponível em: https://pt.dreamstime.com/fotos-de-stock-linhas-de--nazca-astronauta-image34094663. Acesso em: 29 jun. 2021.

CASADO, J. A. Disponível em: https://pt.dreamstime.com/um-rabino-enlouque-ce-grupo-de-judeus-ortodoxos-na-antiga-cidade-jerusal%C3%A9m-israel-maio--rabi-harangues-ap%C3%B3s-protesto-no-templo-image159018472. Acesso em: 27 jun. 2021.

CASAGRANDE, R.; POZATI, J. *Data limite segundo Chico Xavier.* Porto Alegre: Citadel, 2016.

CAVALCANTE, D. *O sol está mais perto do buraco negro do centro da Via Láctea do que se pensava.* 01 dez. 2020. Disponível em: https://canaltech.com.br/espaco/o--sol-esta-mais-perto-do-buraco-negro-no-centro-da-via-lactea-do-que-se-pen-sava-175485/. Acesso em: 27 jun. 2021.

CHEVOLEK. Disponível em: https://pt.dreamstime.com/imp%C3%A9rio-da--bandeira-de-brasil-image113334393. Acesso em: 18 jun. 2021.

COCOSBOUNTY. Disponível em: https://pt.dreamstime.com/foto-de-sto-ck-s%C3%ADmbolo-religioso-do-ciclo-da-vida-na-religi%C3%A3o-budista--image81408079. Acesso em: 29 jun. 2021.

CUBART. Disponível em: https://pt.dreamstime.com/foto-de-stock-s%C3%ADm-bolo-do-terceiro-reich-image61676166. Acesso em: 18 jun. 2021.

DANIKEN, E. V. *Eram os deuses astronautas?* São Paulo: Melhoramentos, 2005.

DARWIN, C. *Da origem das espécies por meio da seleção natural ou a preservação de raças favorecidas na luta pela vida.* São Paulo: Martin Claret, 2014.

DAS, R. Disponível em: https://pt.dreamstime.com/foto-de-stock-lord-nara-simha-image80396372. Acesso em: 30 jun. 2021.

DAS, R. Disponível em: https://pt.dreamstime.com/imagem-editorial-caitanya--mahaprabhu-image80396555. Acesso em: 30 jun. 2021.

DENELSON83. Disponível em: https://commons.wikimedia.org/w/index.php?-curid=5395883. Acesso em: 19 jun. 2021.

DÜRER, A. 1512. Disponível em: https://pt.wikipedia.org/wiki/Carlos_Magno. Acesso em: 19 jun. 2021.

EINSTEIN, A. *A teoria da relatividade.* Porto Alegre: L&PM, 2013.

EPHOTOCORP. Disponível em: https://pt.dreamstime.com/epis%C3%B3dio--de-bhakta-prahlada-que-%C3%A9-templo-v%C3%A1rias-maneiras-totured--kedareshwara-halebidu-karnataka-%C3%ADndia-image119851676. Acesso em: 30 jun. 2021.

EPHOTOCORP. Disponível em: https://pt.dreamstime.com/avatar-de-vaman--quinto-do-deus-hindu-vishnu-que-guarda-seu-p%C3%A9-em-bali-templo--nilkantheshwar-panshet-image109387615. Acesso em: 30 jun. 2021.

FLAG, L. Disponível em: https://pt.dreamstime.com/bandeira-de-brasil-com--textura-ondula%C3%A7%C3%A3o-da-tela-o-texturenflag-que-funde-no-vento-altamente-detalhada-defini%C3%A7%C3%A3o-k-image154414420. Acesso em: 19 jun. 2021.

FOOD-MICRO. Disponível em: https://pt.dreamstime.com/imagens-de-stock--apple-cortou-dentro-parcialmente-image23708054. Acesso em: 16 jun. 2021.

FURIAN, P. H. Disponível em: https://pt.dreamstime.com/madeiras-diferentes-das-pe%C3%A7as-de-madeira-plat%C3%B4nicos-dos-s%C3%B3lidos--image128282427. Acesso em: 18 jun. 2021.

FURIAN, P. H. Disponível em: https://pt.dreamstime.com/ilustra%C3%A7%-C3%A3o-stock-figuras-de-s%C3%B3lidos-plat-nicos-redes-image43681098. Acesso em: 18 jun. 2021.

FURIAN, P. H. Disponível em: https://pt.dreamstime.com/foto-de-stock-royalty-free-flor-do-homem-de-chakras-da-descri%C3%A7%C3%A3o-da-vida--image40863035. Acesso em: 27 jun. 2021.

G0R3CKI. Disponível em: https://pt.dreamstime.com/fotografia-de-stock-royalty-free-freiras-que-cumprimentam-image31064747. Acesso em: 27 jun. 2021.

GILBERT, S. F. *Biologia do desenvolvimento.* Ribeirão Preto: Funpec, 2003.

GLASSHOUSE. Utilizando elementos de Sodacan, Trondivers and katepanomegas. Disponível em: https://commons.wikimedia.org/w/index.php?curid=65618515. Acesso em: 19 jun. 2021.

GOTSIRIDZE, M. Disponível em: https://pt.dreamstime.com/fotografia-de-stock-ma%C3%A7%C3%A3-completa-e-fatia-cortada-image40413612. Acesso em: 16 jun. 2021.

GOTTWALD, T. Disponível em: https://pt.dreamstime.com/ilustra%C3%A7%C3%A3o-do-grande-selo-dos-estados-unidos-da-am%C3%A9rica-s%C3%ADmbolos-coloridos-isolados-fundo-image162209692. Acesso em: 18 jun. 2021.

HARARI, Y. N. *Sapiens* – Uma breve história da humanidade. Porto Alegre: L&PM, 2018.

HARTEMINK, R. Disponível em: https://commons.wikimedia.org/w/index.php?curid=2459069. Acesso em: 19 jun. 2021.

IEZZI, G.; MACHADO, A.; DOLCE, O. *Geometria plana, conceitos básicos.* São Paulo: Saraiva Didáticos, 2019.

JACQUES63. Disponível em: https://commons.wikimedia.org/w/index.php?curid=41662285. Acesso em: 19 jun. 2021.

JIMMY44. Disponível em: https://commons.wikimedia.org/w/index.php?curid=4022927. Acesso em: 19 jun. 2021.

JORDANES. *Getica:* the origin and deeds of the goths. Morrisville: Lulu, 2019.

JORISVO. Disponível em: https://pt.dreamstime.com/vidro-detido-em-notre--dame-des-flots-le-havre-batismo-de-jesus-preso-na-capela-sainte-adresse--fran%C3%A7a-representando-o-por-s%C3%A3o-image156301599. Acesso em: 30 jun. 2021.

JULIENGRONDIN. Disponível em: https://pt.dreamstime.com/fotografia-de-stock-royalty-free-flor-dos-l%C3%B3tus-image8341397. Acesso em: 16 jun. 2021.

KANDPAL, S. C. Disponível em: https://pt.dreamstime.com/templo-iskcon-deli-apresentando-ora%C3%A7%C3%A3o-de-lorde-radha-krishna-rezando-dentro-do-image157685296. Acesso em: 30 jun. 2021.

KOESTLER, A. *Os Khazares. A 13º tribo e as origens do judaísmo moderno.* Rio de Janeiro: Ediouro, 2005.

KOSTIC. D. Disponível em: https://pt.dreamstime.com/ilustra%C3%A7%C3%A3o--stock-tr%C3%AAs-dirigiram-o-drag%C3%A3o-image41574002. Acesso em: 29 jun. 2021.

KOVALENKO, T. Disponível em: https://pt.dreamstime.com/fotos-de-stock-royalty-free-flores-e-semente-da-mostarda-image32786358. Acesso em: 15 jun. 2021.

KRSNADASA, K. G. *Sri Caitanya Caritamrta.* São Paulo: The Bhaktivedanta Book Trust, 1984.

KRZYSIEK73. Disponível em: https://pt.dreamstime.com/colha-o-c%C3%ADrculo-apareceu-no-campo-unbeliev-image117674857. Acesso em: 30 jun. 2021.

KUMAR, G. Disponível em: https://pt.dreamstime.com/lord-narsimha-iskon-devocional-hindus-image155208512. Acesso em: 30 jun. 2021.

LABYNTSEV, F. Disponível em: https://pt.dreamstime.com/s%C3%ADmbolo-da-%C3%A1guia-romana-do-imp%C3%A9rio-romano-na-imagem-apresentada-o-image144388790. Acesso em: 18 jun. 2021.

MALVIYA, S. Disponível em: https://pt.dreamstime.com/muito-bonita-radha-krishna-deus-murti-na-%C3%ADndia-com-chappan-bhog-%C3%ADndio-e-decorada-lindas-flores-luzes-image211139215. Acesso em: 27 jun. 2021.

MANZONI, S. M. G. Disponível em: https://pt.dreamstime.com/foto-de-stock-nazca-alinha-o-condor-vista-a%C3%A9rea-peru-image33456750. Acesso em: 29 jun. 2021.

MARIANI, F. Disponível em: https://pt.dreamstime.com/imagem-de-stock-mapa-persa-do-imp%C3%A9rio-detalhado-image8521871. Acesso em: 29 jun. 2021.

MASAND, G. Disponível em: https://pt.dreamstime.com/foto-de-stock-lord-jagannath-image73798812. Acesso em: 30 jun. 2021.

MATRIX. Direção: As Wachowski. Produção: Joel Silver. Distribuição: Warner Bros. 1999. 136 min.

MEEJAROEN, M. Disponível em: https://pt.dreamstime.com/ilustra%C3%A7%C3%A3o-stock-bandeiras-de-europa-image85386681. Acesso em: 23 jun. 2021.

MENDES, C. C. *As estrelas, uma viagem pela estrutura do átomo.* São Paulo: Livraria da Física, 2011.

MEUBLE. Disponível em: https://commons.wikimedia.org/w/index.php?curid=2753056. Acesso em: 19 jun. 2021.

MONKEY BUSINESS IMAGES. Disponível em: https://pt.dreamstime.com/foto-de-stock-grupo-de-mulheres-mu%C3%A7ulmanas-brit%C3%A2nicas-que-texting-cafetaria-exterior-image91315903. Acesso em: 27 jun. 2021.

MOURÃO, R. R. *O livro de ouro do universo.* Rio de Janeiro: Ediouro, 2005.

MR1805. Disponível em: https://pt.dreamstime.com/ilustra%C3%A7%C3%A3o--stock-santa-maria-nina-e-pinta-de-christopher-columbus-image83700600. Acesso em: 23 jun. 2021.

N3MO. Disponível em: https://pt.wikipedia.org/wiki/Sacro_Imp%C3%A9rio_Romano-Germ%C3%A2nico. Acesso em: 18 jun. 2021.

NASA, 2008. Disponível em: https://images.nasa.gov/details-PIA10969. Acesso em: 26 maio 2021.

NASA. 2011. Disponível em: https://images.nasa.gov/details-GSFC_20171208_Archive_e001925. Acesso em: 25 maio 2021.

NASA. 2016. Disponível em: https://images.nasa.gov/details-PIA20513. Acesso em: 16 jun. 2021.

NASA. 2020. Disponível em: https://photojournal.jpl.nasa.gov/catalog/PIA23687. Acesso em: 25 maio 2021.

NEWTON, I. *Princípia:* princípios matemáticos da filosofia natural. São Paulo: Edusp, 2018.

ODEJEA. Disponível em: https://commons.wikimedia.org/w/index.php?curid=4248134. Acesso em: 19 jun. 2021.

PAHARIYAANIL821. Disponível em: https://pt.dreamstime.com/fotos-de-stock--royalty-free-genuflex%C3%A3o-mu%C3%A7ulmana-dos-adoradores-nos-tapetes-da-ora%C3%A7%C3%A3o-image6614288. Acesso em: 27 jun. 2021.

PARNIKOVA, V. Disponível em: https://pt.dreamstime.com/ilustra%C3%A7%-C3%A3o-stock-isolado-ajustado-de-chakras-indianos-bonitos-do-ornamental--vetor-il-image63530678. Acesso em: 23 jun. 2021.

PATELJAYDIP074. Disponível em: https://pt.dreamstime.com/lord-radha-krishna-linda-wallpaper-com-fundo-radhaji-e-lindos-antecedentes-image164053189. Acesso em: 27 jun. 2021.

PEETERSON. Disponível em: https://pt.dreamstime.com/foto-de-stock-royalty-free-jesus-cristo-image27641065. Acesso em: 29 jun. 2021.

PHOTOWITCH. Disponível em: https://pt.dreamstime.com/homem-religioso--vestido-com-kipa-judaica-tricotada-camisa-azul-e-jaqueta-est%C3%A1-lendo--um-livro-image166467024. Acesso em: 27 jun. 2021.

PLATÃO. *Timeu e Crítias ou a Atlântida*. Rio de Janeiro: Ediouro, 2012.

PNIESEN. Disponível em: https://pt.dreamstime.com/fotografia-editorial-cardeais--que-rezam-christian-faith-pessoa-do-devoto-cardinals-reza-no-santu%C3%A-1rio-anfiteatro-de-fatima-durante-o-th-anivers%C3%A1rio-da-image86675652. Acesso em: 27 jun. 2021.

POPKOV, A. Disponível em: https://pt.dreamstime.com/iranianos-amig%C3%A-1veis-em-tehran-os-tomam-uma-ruptura-da-refei%C3%A7%C3%A3o-e-est%-C3%A3o-levantando-para-foto-image143300376. Acesso em: 27 jun. 2021.

PRABHUPADA, B. S. *Bhagavad Gita, como ele é*. São Paulo: The Bhaktivedanta Book Trust, 1976.

PRABHUPADA, B. S. *Songs of the Vaisnava Acaryas, hymns and mantras for the glorification of Radha and Krsna*. Mumbai: The Bhaktivedanta Book Trust, 1991.

PRABHUPADA, B. S. *Prahlada, uma história para crianças dos antigos Vedas da Índia*. Caruaru: Nova Vraja-Dhama, 1988.

PRABHUPADA, B. S. *Srimad Bhagavatam*. São Paulo: The Bhaktivedanta Book Trust, 1995.

PRABHUPADA, B. S. *Krsna, the Supreme Personality of Godhead*. Los Angeles: The Bhaktivedanta Book Trust, 2002.

PRADO, T. Disponível em: https://pt.dreamstime.com/imagens-de-stock-royalty-free-macaco-de-nazca-image10680989. Acesso em: 29 jun. 2021.

PTUTJOHN. Disponível em: https://commons.wikimedia.org/w/index.php?curid=30362269. Acesso em: 19 jun. 2021.

RADHA, R. Ilustrações feitas para este livro em 2021.

RAMALINGAM, S. Disponível em: https://pt.dreamstime.com/kudumi-ou-sikha--image137007298. Acesso em: 27 jun. 2021.

RAMOS. Baseada em: Coat of arms of Liechtenstein. Disponível em: https://commons.wikimedia.org/w/index.php?curid=30626967. Acesso em: 19 jun. 2021.

RAMYA827. Disponível em: https://pt.dreamstime.com/lorde-vishnu-com-seu--cons%C3%B3rcio-deusa-mahalakhsmi-imagem-de-reclinando-se-em-seshna-g-sua-consorte-mahalakshmi-pressionando-seus-image166466185. Acesso em: 16 jun. 2021.

REDDI, B. R. R. Disponível em: https://pt.dreamstime.com/arte-muralha-ou-mural-do-jovem-deus-hindu-krishna-brincando-com-crian%C3%A7as-como-na-mitologia-vis%C3%A3o-da-image210647868. Acesso em: 23 jun. 2021.

RIABOKON, A. Disponível em: ; https://pt.dreamstime.com/%C3%ADcone-da--cruz-do-tornozelo-egito-estilo-contorno-de-vetor-cruzado-egypt-ankh-para-design-web-isolado-em-fundo-branco-image168905194. Acesso em: 18 jun. 2021.

RODRIGUES, C. P. Disponível em: https://pt.dreamstime.com/imagem-de-stock-royalty-free-redentor-image702516. Acesso em: 15 jun. 2021.

ROHIM, A. Disponível em: https://pt.dreamstime.com/ilustra%C3%A7%C3%A3o--stock-silhueta-da-%C3%A1rvore-com-raiz-image77943833. Acesso em: 16 jun. 2021.

RUPA. *Padyavali.* Vrindavana: Sri Gadadhara Gaurahari Press, 2008.

SEARS, F. W.; SALINGER, G. L. *Termodinâmica, teoria cinética e termodinâmica estatística.* Rio de Janeiro: Guanabara Dois, 1979.

SELINA, I. Disponível em: https://pt.dreamstime.com/ilustra%C3%A7%C3%A3o--stock-shiva-maha-shivaratri-image67454869. Acesso em: 30 jun. 2021.

SHMIDT, B. Disponível em: https://pt.dreamstime.com/ilustra%C3%A7%C3%A3o--da-bandeira-de-alemanha-image131442428. Acesso em: 19 jun. 2021.

SITCHIN, Z. *O 12º planeta, livro I das crônicas da Terra.* São Paulo: Madras, 2017.

SMANDY. Disponível em: https://pt.dreamstime.com/imagem-de-stock-riso--das-mulheres-do-africano-negro-image23574871. Acesso em: 27 jun. 2021.

SODACAN. Disponível em: https://commons.wikimedia.org/w/index.php?curid=9863122. Acesso em: 19 jun. 2021.

SODACAN. Disponível em: https://commons.wikimedia.org/w/index.php?curid=9745312. Acesso em: 19 jun. 2021.

SODACAN. Baseada em pintura de 1907, de Johannes Evert van Leeuwen (1855-1931). Disponível em: https://commons.wikimedia.org/w/index.php?curid=28413310. Acesso em: 19 jun. 2021.

SODACAN. Baseada na obra disponível em: yeomenoftheguard.com. Disponível em: https://commons.wikimedia.org/w/index.php?curid=8861333. Acesso em: 19 jun. 2021.

SOLOVEVA, V. Disponível em: https://pt.dreamstime.com/desenho-do-gr%-C3%A1fico-da-onda-senoidal-sinusoide-de-uma-fun%C3%A7%C3%A3o-matem%-C3%A1tica-um-desenhado-simples-isolado-em-branco-ilustra%C3%A7%C3%A3o-image189945893. Acesso em: 27 jun. 2021.

SPEDONA. Baseada em Blason de Bernadotte 1818-1826. Disponível em: https://commons.wikimedia.org/w/index.php?curid=27062699. Acesso em: 19 jun. 2021.

STRÖHL, H. G. Wappenrolle Österreich-Ungarns. Erste Auflage, Wien 1890, Tafel II. Disponível em: https://commons.wikimedia.org/w/index.php?curid=13298586. Acesso em: 19 jun. 2021.

STRÖHL, H. G. Disponível em: https://commons.wikimedia.org/w/index.php?-curid=1471486. Acesso em: 19 jun. 2021.

SUTYAGIN, K. Disponível em: https://pt.dreamstime.com/fotos-de-stock-royalty-free-buddha-image17327208. Acesso em: 27 jun. 2021.

THIENWICHTR, R. Disponível em: https://pt.dreamstime.com/ilustra%C3%A7%-C3%A3o-stock-trimurti-brahma-vishnu-shiva-image97613232. Acesso em: 27 jun. 2021.

THOMAS, R. Disponível em: https://pt.dreamstime.com/diamante-entre-o-car-v%C3%A3o-image100746021. Acesso em: 15 jun. 2021.

TLAPIDUS. Disponível em: https://pt.dreamstime.com/de-acordo-com-as-antigas-tradi%C3%A7%C3%B5es-hindus-uma-fun%C3%A7%C3%A3o-casamento--na-qual-todas-mulheres-juntas-executam-puja-potes-barro-image181514879. Acesso em: 27 jun. 2021.

TOKAREV, A. Disponível em: https://pt.dreamstime.com/dharma-wheel-dharmachakra-s%C3%ADmbolo-de-ensinos-do-s-da-buda-no-trajeto-%C3%A0-ilumina%C3%A7%C3%A3o-liberta%C3%A7%C3%A3o-karmic-image113128091. Acesso em: 16 jun. 2021.

TONYJEFF. Baseado em Jean-Baptiste Debret – século XIX. Disponível em: https://commons.wikimedia.org/w/index.php?curid=2420050. Acesso em: 19 jun. 2021.

TORRE, Elena. Disponível em: https://pt.dreamstime.com/fotos-de-stock-li%-C3%A7%C3%A3o-da-astronomia-terra-e-lua-image21345403. Acesso em: 27 jun. 2021.

TRÊS INICIADOS. *O Kybalion.* Rio de Janeiro: Arcanum, 2017.

VAMPY1. Disponível em: https://pt.dreamstime.com/nuvem-de-oort-%C3%A-9-uma-te%C3%B3rica-planetesimais-predominantemente-gelados-propostos-para-cercar-o-sol-que-est%C3%A1-al%C3%A9m-da-heliosfera-image186510268. Acesso em: 16 jun. 2021.

ZAM, A. Disponível em: https://pt.dreamstime.com/ilustra%C3%A7%C3%A3o--stock-pentagram-image41638343. Acesso em: 18 jun. 2021.

GLOSSÁRIO

Absoluto, O – *Brahman*. A totalidade da manifestação.

Ananda – felicidade plena. Graça. Bem-aventurança. Prazer supremo. Êxtase. Manifestação da potência interna do Senhor Supremo *hladini*.

Arquétipo – entidades de dimensões menos densas que representam sentimentos, emoções e manifestações da natureza.

Assura – criaturas místicas de outras dimensões, de menor densidade. Criaturas universais que regulam e dominam as atividades materiais. Com o passar do tempo foram divididas entre *assuras* e *devas*, demônios e anjos, dois grupos antagônicos, sendo que o primeiro representa o materialismo e o segundo, apesar de serem autoridades dentro do universo material da mesma forma que os *assuras*, são devotos da Suprema Personalidade de Deus e trabalham a serviço do senhor para refrear o materialismo e estabelecer os princípios da religião.

Atala – primeira região dos sistemas planetários inferiores. Governada por Balassura, que intoxica os que lá caem para fazerem sexo com os habitantes locais, que se alimentam da energia sexual.

Atma – alma. A *jiva* dentro do Mundo Material. O que anima e dá vida ao corpo material.

Avatar – expansão de uma personalidade em outra. Neste livro, a palavra se refere somente às expansões da Suprema Personalidade de Deus.

Bhagavan – um dos Santos Nomes de Deus. Refere-se a "Personalidade Divina", a "Suprema Personalidade de Deus".

Bhakta – aquele que pratica o serviço amoroso ao Senhor Supremo e seus devotos; devoto.

Bhakti – serviço amoroso ao Senhor Supremo.

Brahma – o Grande Arquiteto do Universo. O deus cocriador do universo. Aquele que deu origem ao cosmos, às galáxias e às espécies. Responsável pelo modo material da paixão.

Brahma-muhurta – período de 1h36 a 48 minutos antes do nascer do sol. Horário propício para práticas religiosas, meditativas e atividades físicas. Acordar nesse horário permite que o sujeito adquira energia criativa.

Brahman – um dos Santos Nomes de Deus, que significa "O Absoluto", "Totalidade da Manifestação".

Brahmana – indivíduo da classe erudita, sacerdote religioso, duas vezes nascido.

Causa Primordial – a origem última de tudo que existe. Essa Causa Primordial, por sua vez, necessariamente, é sem causa, portanto, eterna. Núcleo central da manifestação. Foi dedicado um capítulo a este tema.

Chaitanya Mahaprabhu – precursor da escola filosófica *gaudiya vaishnava* e do Movimento Hare Krishna, dando início ao que esotéricos de diferentes escolas filosóficas chamam de "Era Dourada". É considerado uma encarnação/expansão do próprio Senhor Supremo. É também conhecido como *Gauranga* e *Nimai*. Recomendamos a leitura do *Sri Chaitanya Charitamrta*, traduzido por Srila Prabhupada, para mais informações.

Chakra – roda, centro energético, centrais por onde flui a energia corpórea.

Cit – conhecimento pleno. Onisciência. Percepção. Cognição. Autorreflexão. Manifestação da potência interna *samvit* do Senhor Supremo.

Cocriador – todo aquele que não é o Criador. Somos todos nós.

Conjunção Astrológica – quando dois ou mais planetas se "encontram" no equador celeste, marcando os ciclos entre esses planetas.

Corpo Astral – parte do corpo material menos densa. Se compararmos com um dispositivo eletrônico, o corpo astral é a energia eletromagnética percorrendo o dispositivo e o metal, e silício e borracha compõem o corpo físico mais denso.

Corpo Físico/Grosseiro – parte do corpo material mais densa. Ossos, carne, sangue e neurônios.

Corpo Sutil – Composto por falso ego, Mente, Inteligência, *karma* e tempo. O corpo físico/grosseiro é a manifestação do corpo sutil, que existe apenas no campo das intenções, das ideias.

Corpo Material – o veículo da alma dentro do Mundo Material, onde as experiências sensoriais ocorrem. Pode ser sutil, composto apenas pelas intenções e desejos do ser vivo, ou grosseiro, o corpo físico propriamente dito.

Criacionismo – doutrina que prega que a manifestação foi criada por Deus. Oposição ao Evolucionismo.

Criador – outra forma de designar a Causa Primordial, Deus, adotada pelos criacionistas.

Crop Circle – figuras desenhadas em plantações, muito provavelmente realizadas por culturas mais avançadas. Existem algumas tentativas de fraudes e alguns *crop circles* foram feitos por fazendeiros para chamarem atenção para sua propriedade e lucrarem com o turismo e outros por pessoas que tentam desacreditar este fenômeno, porém, os verdadeiros *crop circles* são feitos de forma que a tecnologia humana é incapaz de reproduzir. As plantas são "dobradas", porém permanecem vivas. É como se o local onde a dobra vai ocorrer na planta, secasse, então a planta é dobrada e depois a seiva volta a fluir pelo local. Nos falsos *crop circles* isso não acontece, a planta é dobrada convencionalmente, isto é, ela é quebrada em um ponto.

Demonologia – ciência que estuda os demônios.

Desfrutador Supremo – como Deus é o Criador original, toda criação foi criada para Seu prazer. Por outro lado, a função característica da *jiva* é servir ao Desfrutador Supremo, assim, ela também obtém prazer.

Deus – o Ser Supremo. A palavra tem sua origem no sânscrito *deva* e daí as derivações como "divino" e "divindade". Deus, com inicial maiúscula, refere-se ao Senhor Supremo. Deus, com inicial minúscula (deus ou deuses), refere-se às divindades menores que ocupam funções específicas dentro da manifestação. Em sânscrito, como não há o uso de letras maiúsculas e minúsculas, essa distinção é feita usando-se a palavra *"maha"*, ou seja, *deva* – deus; *mahadeva* – Deus. O próprio nome *Zeus* é uma variação da palavra Deus.

Deva – deus, divino, dentro de um aspecto universal material. São os deuses do universo e não o Deus Supremo, que é sempre referido como *Mahadeva* ou *Bhagavan*.

Dharma – significa função característica. É, muitas vezes, traduzido como religião, pois a função característica do ser humano é recobrar sua consciência original, abandonar o falso ego e retornar ao Supremo; função essa da religião, que significa reconectar-se com Deus.

Equador – linha latitudinal que divide a Terra em duas metades iguais, o hemisfério norte e o hemisfério sul.

Equador Celeste – imagem espelhada do equador terrestre no céu, por onde passam a linha do zodíaco e as órbitas dos demais planetas.

Equinócio – dois dias do ano em que a duração do dia e da noite é igual; quando o Sol cruza a linha do Equador terrestre, dando início à primavera e ao outono.

Era de Aquário – era precessional, que se inicia em 2378, mas tem seu prenúncio, sua alvorada, a partir de abril de 2199, segundo cálculos astrológicos do autor.

Era Dourada – período em que as tensões e as desavenças das relações sociais serão minimizadas e a humanidade experimentará longos séculos de uma vida avançada espiritualmente. Começou a cerca de 500 anos atrás, porém, ainda não se manifestou totalmente no planeta. Muito provavelmente, tornar-se-á mais perceptível para o conjunto da sociedade após o século XXII.

Era Precessional – cada uma das 12 subdivisões da volta que a Terra dá em seu movimento de precessão, cada uma em um signo, durando 2160 anos cada.

Espiritualismo – filosofia de vida que busca na realização espiritual o sentido da vida, colocando a vida material propriamente dita em segundo plano. O oposto de materialismo.

Evolucionismo – doutrina que prega que a manifestação evoluiu naturalmente. Oposição ao Criacionismo.

Falso Ego – falsa concepção da *jiva*, o ser vivo, que faz com que ela se autodenomine a desfrutadora da manifestação, dando início ao Mundo Material e à manifestação da matéria. Primeiro elemento material sutil.

Feng Shui – ciência oriental que visa conservar as influências positivas presentes em um ambiente e redirecionar as negativas para beneficiar as pessoas que convivem nesse espaço.

Gaudiya Vaishnava – escola filosófica que surgiu na Índia, no início do século XVI, e teve como fundador o Senhor Chaitanya Mahaprabhu. *Vaishnava* significa servo de Deus. *Gaudiya* significa servos do Senhor Chaitanya, que também era conhecido como *Gauranga*, que significa "dourado", ou, ainda, servos de Radha, que também é conhecida como *Gauri*, dourada. O Senhor Chaitanya Mahaprabhu foi o precursor do Movimento Hare Krishna e da Era Dourada.

Gauranga – o Senhor Dourado. Nome atribuído ao Senhor Chaitanya Mahaprabhu pela Sua compleição física e, por isso, a era que se inicia com Seu movimento ficou conhecida como Era Dourada.

Gauri – outro nome de Radha, a personificação de *prema*, o amor puro transcendental, significa "dourada".

Ghi – manteiga clarificada. Ao extrair a espuma da manteiga, o que fica é um óleo dourado muito rico em gordura adstringente. Muito saboroso e saudável. Excelente opção de proteína e gordura animal sem a necessidade de abate de animais.

Grande Arquiteto do Universo – função adquirida pela *jiva* como cocriadora do universo material, sendo chamado de Brahma, aquele que cria os diferentes sistemas planetários e as diferentes formas de vida dentro do universo.

Gopis – meninas da comunidade rural de Vrindavana. Pastora de vacas. Vaqueira. *Go* significa vaca e *gopa*, vaqueiro. Logo, *gopi* é o feminino de *gopa*.

Guru – mestre.

Gurukula – a escola para a qual as crianças vão quando chega a idade para receberem instrução do mestre.

Hare Krishna – pode referir-se ao *maha mantra* Hare Krishna: *Hare Krishna Hare Krishna / Krishna Krishna Hare Hare / Hare Rama Hare Rama / Rama Rama Hare Hare*; ou ao movimento liderado pelo Senhor Chaitanya Mahaprabhu e Sua escola filosófica, *gaudiya vaishnava*, que chegou ao Ocidente por meio de Sua Divina Graça Bhaktivedanta Swami Prabhupada. Também pode referir-se, popularmente, ao praticante dessa filosofia.

Hatha-Yoga – técnica de posturas corporais visando ao tônus muscular, equilíbrio corporal, flexibilidade, concentração e autoconhecimento.

Hermenêutica – estudo da interpretação de textos escritos.

Hladini – potência de prazer do Senhor Supremo que se manifesta como *ananda*.

Japamala – espécie de rosário. Colar com 108 contas separadas por nós, usado no cantar dos Santos Nomes do Senhor.

Jivas – partículas que emanam da Causa Primordial. Essas partículas compõem o brilho do Absoluto e possuem as mesmas qualidades que Deus (*saccidananda*), porém, em quantidade diminuta. Elas possuem vida, consciência e personalidade e buscam a felicidade. Somos todos nós, seres vivos.

Kalpa – ciclo de duração do nosso sistema planetário, equivalente a um dia de Brahma e subdividido em 14 *manvantaras*.

Karma – a lei da ação e reação. Causa e efeito. Toda ação gera uma reação. Cada um colhe o que planta. Aquilo que um ser vivo faz para o outro receberá em troca daquele mesmo ser vivo. Ação, atividade. Justiça da Providência.

Krishna – um dos Santos Nomes de Deus. Significa "Todo Atrativo", "Reservatório de Toda Felicidade". É considerado o nome mais íntimo do Senhor Supremo, por isso o *mantra* Hare Krishna é considerado o *maha mantra*, ou Mantra Supremo, o principal dos *mantras*. O Senhor Krishna descendeu a este planeta há cerca de 5.300 anos. Recomendamos a leitura do 10º canto do *Srimad Bhagavatam*, conhecido como *Livro de Krishna*, traduzido por Srila Prabhupada, para mais informações.

Kshatrya – a classe aristocrática, governante, militar, os funcionários públicos. A nobreza, o rei.

Kumara – palavra sânscrita que significa criança. Os quatros *kumaras* eram filhos de Brahma que, por serem muito avançados espiritualmente, optaram por permanecerem crianças puras até o final dos tempos.

Kundalini – energia criativa do corpo. Quando a pessoa está dominada pelo medo, a *Kundalini* fica adormecida. É preciso despertá-la para que o ser humano alcance todas as suas potencialidades.

Maha – palavra usada para designar o superior máximo de determinada coisa; significa supremo, último.

Mahatala – a quinta região dos sistemas planetários inferiores. É a morada das serpentes e dragões de muitas cabeças.

Maha-yuga – ciclo de quatro *yugas*, ou eras. Dura 4,32 milhões de anos. Mil *maha-yugas* compreendem um *kalpa*, ou dia de Brahma.

Manifestação – tudo que surgiu a partir da Causa Primordial.

Mantra – oração. Vibração capaz de transcender a matéria.

Manu – pais e administradores da humanidade. Existem 14 mandatos diferentes de Manus em um dia de Brahma. Cada mandato é conhecido como *manvantara.* Os termos "humano" (português) e "man" (inglês) derivam de Manu.

Manvantara – ciclo de uma vida de Manu. Dura 71 *maha-yugas* e apenas um *muhurta* do dia de Brahma.

Matéria – manifestação transitória criada pelo falso ego das *jivas*. É considerada ilusória, por ser transitória, em oposto à manifestação transcendental permanente.

Materialismo – filosofia de vida que busca a prosperidade e felicidades materiais sem necessariamente se importar com a vida após a morte. O oposto de espiritualismo.

Modos da Natureza Material – Bondade é o modo neutro, responsável pela manutenção das coisas. Para evoluir na vida espiritual, primeiramente, a pessoa precisa se situar no modo da bondade, abandonando as atitudes inerentes dos outros modos. Paixão é o modo que coloca o ser vivo agindo em função do desejo, é o que nos faz criar, trabalhar, gerar riquezas, usufruir das coisas, ter filhos etc. É o materialismo em sua fase positiva. Ignorância é o modo originado a partir das frustrações materiais. Não podemos ter tudo o que desejamos e, então, vem a frustração. Quando o ser vivo é dominado pela frustração, o modo da ignorância predomina. Esse modo é o responsável pela destruição das coisas. É o materialismo em sua fase negativa.

Mudra – uso dos canais energéticos das mãos para canalizar e direcionar energia com diferentes objetivos, como concentração mental, purificação da mente e do corpo, proteção e até mesmo cura.

Muhurta – divisão do tempo equivalente às horas. No sistema védico, o dia e a noite são divididos em 30 *muhurtas* de 48 minutos cada.

Mundo Espiritual – local permanente da manifestação em que a matéria e suas contradições não se manifestaram. Oposto de Mundo Material. Céu Espiritual, Morada Transcendental, *Vaikhunta*.

Mundo Material – zona escura da manifestação, gerada pelo falso ego das *jivas*, onde a matéria transitória se manifesta. Oposto de Mundo Espiritual.

Nagaloka – reino das *nagas*, serpentes. O mais basal dos sistemas planetários inferiores, conhecido como *patala*.

Nirvana – estágio de elevação espiritual quando a pessoa atinge a autor-realização e torna-se neutra em relação às vicissitudes da matéria.

Nova Era – termo genérico que pode se referir à Era Dourada, à Era de Aquário ou, ainda, a qualquer outra era, sempre que há a iminência de uma mudança.

Núcleo Central – outra forma de se referir à Causa Primordial. Enquanto Causa Primordial se refere à qualidade de dar origem à manifestação, núcleo central se refere à posição/localização da Causa Primordial em relação à manifestação.

Oceano Causal – espécie de amálgama dos elementos sutis do Mundo Material, composto pelas intenções das *jivas*, o falso ego, mente, inteligência, a lei do *karma* e o tempo. É onde o Maha Vishnu se deita para dar origem aos incontáveis universos. O caos.

Panca-Tattva – os cinco aspectos da Verdade Absoluta, a saber: o Senhor, Sua porção plenária, Sua encarnação, Suas energias e Seus devotos.

Paramatma – Superalma. Manifestação do Supremo localizada no corpo material individual. Deus no coração.

Patala – sétima e última região dos sistemas planetários inferiores. É a região mais abissal de todas, onde vivem as *nagas*, grandes serpentes. Também conhecida como *nagaloka*.

Ponto Vernal – ponto onde o Sol cruza a linha do Equador terrestre, em um equinócio, dando início à primavera no hemisfério norte, ao outono no hemisfério sul e ao Ano Novo Astrológico.

Precessão – movimento oscilatório do eixo da Terra durante seu movimento de rotação, tal qual um pião, fazendo com que o Polo Norte ora esteja apontado para a estrela Polar e ora para a estrela Vega. O ciclo completo leva cerca de 26 mil anos e é subdividido em 12 eras precessionais com duração de 2.160 anos cada.

Prema – amor puro transcendental.

Pujari – aquele que executa o *puja*, adoração às deidades.

Puranas – literatura védica que se utiliza de narrativas históricas para ensinar os *Vedas*.

Purusha – criador, pai, progenitor, macho alfa. Deus é o *purusha* original, portanto, conceitualmente, ele é "O" macho alfa por definição.

Radha – eterna consorte de Krishna. Personificação do amor puro transcendental, *prema*, e da potência interna do Senhor Supremo *hladini*. Srimati Radharani, Hara, Gauri.

Rasatala – sexta região dos sistemas planetários inferiores. A morada de demônios cruéis, inimigos dos *devas*, que vivem em buracos.

Saccidananda – junção das raízes *sat* (vida eterna), *cit* (onisciência) e *ananda* (felicidade plena). Característica de Deus.

Samsara – o ciclo de nascimentos e mortes do ser vivo condicionado dentro do Mundo Material.

Samvit – potência interna da capacidade de cognição do Senhor Supremo que se manifesta como *cit*.

Sandhini – potência interna de vida do Senhor Supremo que se manifesta como *sat*.

Sankirtana – o canto congregacional dos Santos Nomes do Senhor. Movimento inaugurado por Sri Chaitanya Mahaprabhu.

Sannyasa – é quando o devoto se aposenta e abandona a vida familiar e social, dedicando-se integralmente à vida espiritual, adotando a vida mendicante e se tornando mestre espiritual.

Sat – vida eterna. Existência sem início e sem fim. Verdade. Aquilo que é real, permanente. Manifestação da potência interna do Senhor Supremo *sandhini*.

Semântica – o estudo do significado usado por seres humanos para se expressar por meio da linguagem.

Série Harmônica – como o som se propaga infinitamente em harmônicos múltiplos entre si. Sobretom.

Shastra – literatura especializada. Nesta obra, o termo é utilizado exclusivamente para se referir à literatura védica.

Shiva – avatar responsável pelo modo material da ignorância e pela dissolução material.

Shudra – indivíduo da classe trabalhadora, as pernas da sociedade.

Soma – néctar da imortalidade.

Status quo – o estado das coisas. Expressão em latim usada para se referir à ordem social vigente em determinada sociedade.

Superalma – porção Divina que anima o corpo material juntamente à alma individual. É o núcleo central dentro de cada corpo material individual. *Paramatma*.

Sutala – terceira região dos sistemas planetários inferiores. É governada por Bali. Essa região é a expressão máxima da civilização materialista. É um local muito avançado e opulento, superando até a morada dos deuses no céu.

Talatala – quarta região dos sistemas planetários inferiores. Governada pelo pai de Balassura, governante do primeiro submundo. Seu nome é Mayassura e é o mestre dos bruxos e de todos os poderes místicos ilusórios.

Torus – ou toroide, lugar geométrico tridimensional formado pela rotação de uma superfície circular, de acordo com a geometria. É o formato do universo e do fluxo energético de qualquer corpo dentro do universo.

Transcendental – que transcende à Matéria e ao Mundo Material. Tudo que é permanente e está relacionado diretamente ao Mundo Espiritual e ao Senhor Supremo.

Trimurti – palavra em sânscrito que significa três formas. Refere-se às três manifestações do *Brahman* dentro do Universo, Brahma, que representa o modo da paixão e a capacidade criativa; Vishnu, que representa o modo da bondade e a capacidade de neutralidade e manutenção; Shiva, que representa o modo da ignorância e a capacidade destrutiva. Todas são manifestações divinas, porém, a função de Brahma é normalmente ocupada por uma *jiva*, enquanto as demais são sempre executadas pelo próprio Senhor Supremo. Eventualmente, a Suprema Personalidade de Deus também executa a função de Brahma, que é o caso, atualmente.

Vaishnava – significa "servo de Vishnu". Vishnu significa "Deus", "Onipresente", "Mantenedor Supremo", "Causa Primordial".

Vaishya – indivíduo da classe empreendedora, mercantil, industrial, agricultor, produtor de riquezas da sociedade.

Vaikuntha – Mundo Espiritual transcendental ao Mundo Material.

Vastu Vidya – arquitetura milenar que orienta a construção e a organização de ambientes para que tenham um fluxo de energia vital harmônico.

Vasudeva – quando Krishna veio a Terra, há 5.300 anos, *Vasudeva* foi seu pai. O filho (*Krishna*) também é chamado de *Vasudeva*. *Deva* quer dizer deus. *Vasu* tem vários significados relacionados à boa fortuna, como riqueza, saúde e brilho. Existem oito *Vasus*, que são as deidades predominantes da matéria. Portanto, *Vasudeva* indica alguém abençoado, que tem o predomínio sobre a matéria, sendo também um dos nomes do Senhor Supremo.

Veda – é dito que os *Vedas* foram narrados primeiramente pelo Senhor Brahma, no início da criação. Eles versam sobre tudo: espiritualidade, materialismo, Mundo Espiritual e Mundo Material. Os *Vedas* a que temos acesso são um resumo do *Veda* original e, ainda assim, são de difícil compreensão, por isso existem diversos textos que explicam os *Vedas* por meio de histórias; esses textos são conhecidos como *Puranas*. Entre eles estão o *Bhagavad-Gita* e o *Srimad Bhagavatam*, leitura recomendada para quem quer compreender os *Vedas*.

Verdade – a Verdade é objetiva, é uma só, porém, cada um a interpreta de acordo com suas próprias crenças e limitações, portanto, ela é também subjetiva. Dentro da escola vedanta *gaudiya vaishnava*, o termo *achintya bheda abheda tattva*, que significa "A inconcebível Verdade única e diversa ao mesmo tempo", resume bem a filosofia dessa escola moderna, fundada pelo Senhor Chaitanya Mahaprabhu, o precursor do Movimento Hare Krishna.

Vibração Original – Aqui no livro este termo é uma alusão à Causa Primordial. vibração original faz uma referência à série harmônica e visa demonstrar como a Causa Primordial se expande e como as *jivas* são geradas e, também atuam como cocriadoras.

Vishnu – um dos Santos Nomes de Deus. Significa "Onipresente", "Mantenedor Supremo", "Causa Primordial". Responsável pelo modo material da bondade. Existem três manifestações de Vishnu – a primeira é o Maha Vishnu, que se deita no Oceano Causal e dá origem aos universos materiais; a segunda é o Vishnu particular de cada um desses universos, que se deita no oceano dentro do universo e dá origem ao Senhor Brahma aos diferentes sistemas planetários; e há, ainda, o aspecto localizado de Vishnu como Superalma, que sustenta cada corpo material individual, animando-o ao lado da alma individual, bem como sustentando cada átomo particular da matéria.

Vitala – segunda região dos sistemas planetários inferiores, onde vivem os duendes e gnomos que administram as minas de minerais preciosos, especialmente o ouro.

Vrindavana – também grafada como *"Brindavan"*. Local sagrado onde o Senhor Krishna realiza seus passatempos infantis mais pessoais e amorosos. É um planeta no Mundo Espiritual, conhecido como *Goloka Vrindavana*, *Krishnaloka* e/ou *Gokula*, mas é também um local na atual Índia, onde Sri Krishna se manifestou e executou seus passatempos mais secretos para nosso êxtase, há cerca de 5.200 anos. A Vrindavana situada no Céu Espiritual é o eixo central de toda manifestação.

Yadus – dinastia na qual o Senhor Krishna apareceu na Terra há 5.200 anos. Antecessores dos judeus.

Yoga – significa caminho. Diferentes *yogis* seguem diferentes tipos de *yogas*, como *bhakti-yoga* (caminho da devoção), *karma-yoga* (caminho do trabalho fruitivo regrado), *jñana-yoga* (caminho que busca a compreensão da Verdade Absoluta pela inteligência e pelo raciocínio) etc., para alcançarem a Verdade Absoluta. Este livro utiliza o caminho do conhecimento (*jñana-yoga*) para que as pessoas conheçam o caminho da devoção (*bhakti-yoga*).

Yogi – aquele que pratica algum tipo de *yoga*. Normalmente, refere-se àqueles que praticam posturas e meditações difíceis e alcançam a liberação do corpo material por meio de um grande esforço mental e físico, diferente dos *bhaktas*, que também são *yogis*, mas são chamados de *bhaktas*, devotos, porque ao invés de traçarem um caminho difícil, rendem-se diretamente aos pés de lótus do Senhor Supremo e Seus devotos e, assim, conquistam o Inconquistável.

Yuga – significa era. São quatro: *satya-yuga*, era de ouro, da verdade, das virtudes; *dwapara-yuga*, era de prata, era mística; *treta-yuga*, era de bronze, era heroica; *kali-yuga*, era de ferro, das desavenças. O ciclo das quatro *yugas* chama-se *maha-yuga*.